文化驿站　共享空间

杭州社区文化家园建设丛书

勃发·葛巷

周旭霞　著

杭州出版社

图书在版编目（CIP）数据

勃发·葛巷 / 周旭霞著. -- 杭州 ： 杭州出版社，
2022.9
（杭州社区文化家园建设丛书）
ISBN 978-7-5565-1888-3

Ⅰ．①勃… Ⅱ．①周… Ⅲ．①社区文化－建设－概况
－杭州 Ⅳ．①G127.551

中国版本图书馆CIP数据核字(2022)第164178号

BOFA　GEXIANG
勃发·葛巷
周旭霞　著

责任编辑	杨　凡
美术编辑	祁睿一
责任校对	陈铭杰
出版发行	杭州出版社（杭州市西湖文化广场32号6楼）
	电话：0571-87997719　　邮编：310014
	网址：www.hzcbs.com
排　版	杭州真凯文化艺术有限公司
印　刷	浙江国广彩印有限公司
开　本	710 mm × 1000 mm　1/16
字　数	150千
印　张	13
版印次	2022年9月第1版　2022年9月第1次印刷
标准书号	ISBN 978-7-5565-1888-3
定　价	32.00元

序 言

2017年以来，杭州市根据中共浙江省委关于社区文化家园建设的整体部署，以"文化驿站、共享空间"为定位，通过改建、扩建社区已有文化设施，整合现有文化资源，积极打造集思想引领、道德滋养、文明倡导、文化熏陶功能于一体的社区文化家园。截至2021年底，累计建成1055家社区文化家园，覆盖全市80%以上的社区，其中，五星34家，四星72家，三星181家。

2021年，杭州市继续从制度、资金、管理三个方面对社区文化家园的建设提供有力保障，全年共新建成260家社区文化家园，形成了以下特色亮点：

——以居民为中心，进一步激发出居民的主人翁意识。社区文化家园在硬件设施建设和内容载体设计方面，都把"以居民为中心"的思想贯穿始终，服务好居民群众，让居民乐于参与、积极参与。第一，围绕社区居民日益增长的精神文化需求，健全社区各类设施和场所的文化功能，完善社区公共文化服务体系，开展各类文体活动，活跃社区文化。第二，突出居民主体，发挥好居民自治的重要作用，由西湖区翠苑社区居民首创并共同约定遵行的"孝心车位"及其公约，有效解决了子女看望父母长辈停车难的问题，成为杭州社区治理的一大创举。第三，搭建线上线下居民交流平台，形成学习、教育、休闲等各类社团组织，加强社区居民的参与互动，实现社区文化家园建设为民靠民，社区文化家园建设成果由居民共享的目标。

——以社会主义核心价值观为引领，进一步承担起新时代文明实践的重要职责。杭州将社区文化家园与新时代文明实践站的建设工作相结合，将社区文化活动与群众性精神文明创建活动相结合，为社区居民搭建了共同的公共文化空间与精神家园，以社区文化家园为抓手，推动社区精神文明建设。第一，加强文化活动的宣教作用，在日常文化活动中，专门将社区文明案例转化成宣讲课程和文艺作品，寓教于乐，寓宣传于服务；同时，在活动现场向居民分发各类宣传资料，以活动强意识，以意识促行为，使文明行为成为生活习惯。第二，发挥社工的专业作用，做好社区志愿者的引导、发动、培训及保障工作，探索"社工＋志愿者"的联动机制，激发居民群众关爱家园、参与发展的热情，围绕"整洁环境、文明养宠、文明出行、规范停车、垃圾分类、定点投放、爱护绿化、爱护公共设施"等社区文明新风尚身体力行，逐步形成"我为人人、人人为我"的和谐良好氛围。第三，讲好身边好人的模范事迹。利用长廊、橱窗、楼道、道路等基础设施，宣传展示社区的最美现象、人物风貌、榜样典型等内容，用身边人、身边事来感染人、熏陶人、教育人，营造见贤思齐、向上向善的浓厚氛围。

——以宣传普及习近平新时代中国特色社会主义思想为重点，进一步发挥好基层宣传思想文化阵地的重要作用。社区文化家园以"精神家园"为功能定位，弘扬主流价值、传承传统文化，注重习近平新时代中国特色社会主义思想的宣传普及和社会主义核心价值观的落细落小落实。第一，依托市民讲堂、道德讲堂、科普讲堂等活动载体，组织党员干部进社区进行宣讲，进一步巩固宣传思想文化工作的基层阵地，推动宣传思想文化工作走进群众、深入人心，取得实效。第二，着眼于居民思想道德水准的提升，通过公益广告宣传、民间艺术创作、社区文化展陈等形式，广泛开展科学、法律、文化、健康等知识的宣传教育，提高了居民的现代文明意识和科学文化素质。第三，把社区文化工作要点集中到思想建设与内容建设上，改变了以往文化建设重硬件的倾向，通过活跃社区文化，倡导文明风尚，推动居民交流，让文化建设有形可见、入脑入心，让居民群众受到教育、得到启发，实现市民文明素质与城市文明程度的相互促进、相互提高。

——以重构现代都市的社会关系为立足点，进一步塑造好和谐互助的邻里文化。在文化家园丰富的日常活动中，现代都市的"都市冷漠症"逐渐消除，从"陌邻"变"睦邻"。第一，连续18年举办邻居节活动，每年的活动覆盖杭州13个区县（市），除政府部门组织的文艺演出、社区公共环境整治、嘉奖"好邻居"外，越来越多的社区和个人自发组织起敲门送温暖、邻里百家宴等活动，填补邻里交往的空白，增强社区归属感。第二，根据不同社区的实际情况，构建和谐互助的邻里关系。在老小区，社区文化家园整合各类资源，提升养护、休闲、保健等公共服务水平，老年居民也自发组织了"银发互助队"，提供陪伴、语言安慰、生活品代买等志愿服务；在新杭州人聚居的社区，文化家园里开设起"四点半课堂"，由本地退休老教师、社工帮助照看，解决家长的后顾之忧，增加孩子们之间的互动关系。

我们从五星和四星社区文化家园中选取了8个有代表性的社区，组织力量采写了第四辑杭州社区文化家园建设丛书，一方面是继续展示杭州市社区文化家园建设的成果，另一方面也想通过丛书的出版发行，进一步推动全市社区文化家园建设再上一个台阶，为杭州市争当浙江高质量发展建设共同富裕示范区城市范例助力。

杭州社区文化家园建设丛书编委会

2022年3月

目　录

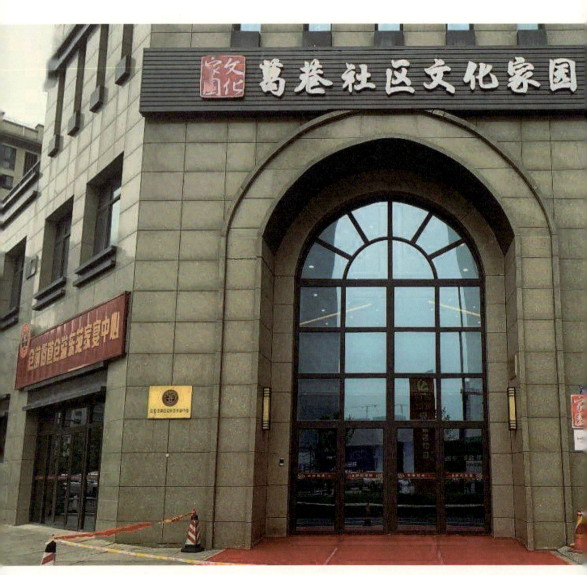

葛巷社区文化家园

社区概述

　　葛巷社区地处杭州未来科技城核心区域，东毗杭州师范大学仓前校区，与梦想小镇隔河相望，EFC国际金融城迎南而建，辖区面积0.56平方千米，于2018年11月完成撤村挂牌。社区现有仓溢东苑（回迁安置型）、万通时尚公馆（嘉桂轩及万通公寓）、合景天峻，以及即将回迁的仓溢景苑（回迁安置型）4个小区，共1439户4805人，另有流动人口约1.2万。社区共有党员162人，双报到党员35人，5个网格、7个支部。

　　葛巷社区成立之初，在仓前街道党工委的倾心指导下，开拓思路，提炼形成"一条红巷建立五扇门，一个社区融入五颗星"的党建品牌，借助"五扇门"空间服务体系，"1+3+3+X"宝塔服务范式，三社联动，五治融合，以城市治理"一法两条例"作为制度保障，以建"未来社区"为目标，为"老村民"和"新居民"打造崭新的邻里生活圈。

"亲民尚和"图

第一章　葛巷名人名迹名事

第一节　葛巷的时间轴

余杭区仓前镇葛巷村位于杭州市西郊，东邻举世闻名的西溪湿地，西接组团中心余杭古镇，是余杭区创新高教基地所在地，也是杭州市经济开发的前沿阵地。该村先后获得省旅游特色村、省（市、区）级卫生村、杭州市社会主义新农村建设标兵村、杭州市体育特色村、杭州市四星级民主法制村、杭州市区级文明村、余杭区园林绿化村、余杭区生态村、余杭区十佳魅力新农村、余杭区五星级村、清洁余杭示范村等荣誉称号。全村有38个村民小组，常住人口4120人，暂住人口2000余人。

葛巷村地理位置优越，交通便捷，文一西路和东西大道穿村而过，公交311路直达。突出的区位优势给葛巷村的发展提供了良好的先决条件。这些年来，在村委干部的带领下，全村上下紧紧围绕"经济强实力、产业添魅力"的发展主轴,以特色饮食文化"掏羊锅"为导向,摸索出了集羊肉生产加工、畜牧屠宰、旅游、餐饮、观光等为一体的特色农业休闲旅游。经过近年来的精心包装与大力开发,葛巷村"掏羊锅"已经在周边地区有了较高的声誉,"太炎故里仓前掏羊锅"如今已是葛巷村的一块金字招牌。借助"掏羊锅"这块金字招牌,多年来,葛巷村加大招商引资力度,大力发展第三产业,壮大集体经济,依托村内的房产开发和休闲农庄产业,打造以餐饮、休闲、旅游等项目为龙头的第三产业。一、二、三产业的齐头并进,带来显著的经济效益。早在2008年,葛巷村级可支配收入便达到349万元,居全镇各村首位,全村人均纯收入达13259元,不断推进农村经济的可持续发展。

葛巷村因东、西葛巷而名,明清时,东、西葛巷属安乐乡章郑庄、朱葛庄,金家弄一带属金宋一庄。民国时,东、西葛巷地域大部分属仓前镇,金家弄一带属金朱乡。

新中国成立初期,西葛巷为万和乡一村,东葛巷一带为永胜乡六村和七村,金家弄一带为万和乡三村。

1958年,建立仓前公社(史称大公社),西葛巷、金家弄一带为仓前公社红星大队一部分,东葛巷一带为红旗大队,均属仓前公社仓前管理区。

1961年9月,仓前公社分为仓前、高桥、何母三个公社(史称小公社)。红旗大队属高桥公社,红星大队属仓前公社。

1962年,西葛巷一带从红星大队分出,建立葛巷大队,1967年改名为向阳大队;金家弄一带分出建仓前公社林场,称为林场大队。1969年,生活在东葛巷一带的渔民建立仓前水产大队。

1981年9月，向阳大队复称葛巷大队，红旗大队改称圣殿大队。

1984年初，上述大队分别改为葛巷村、圣殿村、林场村、渔民村，葛巷村、林场村属仓前乡，圣殿村、渔民村属高桥乡。

2003年9月，葛巷、圣殿、林场、渔民4个建制村合并组建成新的葛巷村。当时葛巷全村面积5.4平方千米，耕地2082亩，山林691亩。

2004年，因文一西路建设需要，葛巷村逐步开始征迁。

2015年，整个葛巷村全部拆迁征用完毕。

2018年11月，成立葛巷社区，原葛巷村居民分别划入葛巷、朱庙两个社区。

葛巷社区便民服务手册

第二节　葛巷历史遗迹

（一）葛巷历史遗址

葛巷历史悠久，文化积淀丰厚，各类遗址众多。

1. 葛巷桥

葛巷桥位于文一西路、绿汀路交叉口东南100米处，桥旁是以前西葛巷的中心，因此习称"葛巷桥头"。

据清《嘉庆余杭县志》记载：葛巷桥，"宋开平间建，因在葛巷

葛巷社区宣传墙贴

村，故名"。"开平"是后梁太祖朱温的年号，距今已有1100余年。宋无"开平"年号，即使是北宋"开宝"或南宋"开禧"之误，从桥以村名来看，葛巷村历史也有千年了。

2. 齐北公桥

齐北公桥位于良睦路与文一西路交叉处西侧，东西向跨闲林港，文一西路经过桥面。现桥系易地重建，原桥在现桥北面约200米处。

原桥始建年代现已无考，但早在清代已经存在，是仓前集镇前往留下镇的重要通道。因桥长恰为八弓（1弓为5市尺，合今天的1.6米），得名"齐八弓桥"，方言"八"与"北"、"弓"与"公"发音相似，久而久之，讹作"齐北公桥"。

3. 护国桥

护国桥位于原施姚里村庄前田畈的南端，南北向跨护国港，是仓前街道与闲林街道的交界处。

4. 陆家桥

陆家桥位于原北陆家桥村庄前，南北向跨陆家港。此桥清代时已经存在，是仓前集镇前往闲林镇的重要通道。

5. 张庙

张庙位于现社区驻地西南约300米处，其南侧的村庄因此得名"张庙前"。该庙供奉对杭嘉湖水利有重大贡献的宋代官员张夏，是旧时葛巷百姓祈求风调雨顺、国泰民安之处。

6. 寡栅庙

寡栅庙地处仓前粮仓南3里、齐北公桥北面。明穆宗隆庆三年（1569）秋始建，次年冬完工，二殿二厢，原名天都庙，供奉的是已故清官吕逸之神像。明崇祯十三年（1640），该庙失火烧毁，第二年重建，改名为天都寡栅庙，仍供奉吕逸。从此到清乾隆年间，修过20余次。

清嘉庆十五年（1810），天都寡栅庙毁于洪水。境内富户童广福、张裕昌、吕天宝发动148个村庄集资，进行第三次重建，重建后改名为寡栅庙。从此，寡栅庙的性质彻底变成了总土地庙，下辖东、南、西、北、中五个堡，近200个村庄。此后到民国二十三年（1934）年共计大小修17次。

新中国成立后打掉了庙里的菩萨，寡栅庙变成渔场，20世纪六七十年代最后两块建庙碑志又被毁。1986年，由罗关洪、陈跃法发起，经余杭县有关部门批准，第四次重建寡栅庙。

2012年7月3日，仓前寡栅寺寺庙管理委员会再次提出翻建的请示报告。

关于仓前寡栅寺急需翻建的请示报告

仓前街道：

仓前寡栅寺始建于明朝隆庆三年，历经四次重建，"文革"后，在党的宗教政策指引下，在政府的大力关心和支持下，1986年经余杭县人民政府批准，恢复佛教活动，成为正式合法场所。近三十年来，寡栅寺每逢初一、十五和菩萨生日，当地和杭州城区的大量信佛群众来寺敬香拜佛，香火鼎盛，佛事活动频繁，场所和谐稳定，已成为周边地区信佛群众保佑家人平安健康、消灾免灾、心灵寄托的重要宗教活动场所。

寺院历经数百年，大殿在风雨的侵蚀下，现已破旧不堪，大部分殿堂墙壁裂开，向外倾斜。且整座寺庙大部分为木结构，木结构榫头拉开，遇到大风大雨，房顶瓦片亦经常脱落，存在重大安全隐患，而信佛群众大多年事已高，一旦发生事故，后果不堪设想。目前广大信佛群众及本地村民多次强烈要求对危房进行翻建，保障信佛群众的生命财产安全，寺管会进行多次开会，认证研究，一致认为，为了信佛群众的生命财产安全及维护场所的和谐稳定，决定对寺院危房进行翻建。翻建经费自筹，已经准备好。

特此请示

南无阿弥陀佛

仓前寡栅寺寺庙管理委员会

2012年7月3日

7. 后坊亭

民间有修桥、铺路、建凉亭的传统，称之为做善事。清代葛巷百姓集资修筑石块路，通至仓前集镇圣堂桥南，路旁建后坊亭供路人憩息。1992年农历四月，村民罗关洪等发起重建后坊亭。

8. 太平天国古战场

仓前地扼余杭东驿道及通往杭州的水道，清同治初，太平军和清军于此展开拉锯战。据清军浙江主帅左宗棠命人所撰的《平浙纪略》记载，余杭塘纵深的西葛巷、护国桥等地，双方营垒犬牙交错，战事激烈。

（二）葛巷革命史迹

1. 南庙及县民众教育馆遗址

民国十七年（1928）七月设立余杭县民众教育馆，相当于现在的县文化馆。馆址在仓前集镇泰丰油坊门前、余杭塘河南岸的紫竹庵内，即今天仓溢东苑北面约80米处。

据老一辈回忆，当年章太炎先生的长兄章椿伯，捐助扩建祖屋所余木料以建馆。泰丰油坊业主章彭寿出资跨河架设电线，输送油坊所引的电力供馆内照明使用。

馆址西侧有土谷祠，俗称"南庙"。庙旁建有戏台，上演社戏时塘河边船只汇集，仓前集镇的百姓也隔河看戏，非常热闹。抗日战争时，戏台被汉奸"和平军"拆毁，材料用于修筑炮楼。

2. 徐家塘伏击日寇遗址

徐家塘隔余杭塘河控扼仓前老街要道。抗日战争时，爱国青年鲍自兴率部埋伏在徐家塘竹园中，架起机枪打得日寇人仰马翻。鲍自兴之后加入中国共产党，成为解放军师级指挥员，他在晚年深情回忆说："这是打击日寇最生动的一次战斗。"

3. 万金山剿匪遗址

新中国成立初期，仓前以及从永建、闲林窜来的土匪还很猖獗，阴谋偷袭人民政权、抢掠百姓。仓前民兵在区委书记王延全的率领下，配合解放军某部在永兴、宋家山、万金山、寡山一带清剿土匪。万金山即在原葛巷村西南角。

第三节　葛巷历代俊贤

（一）葛巷历史名人

余杭区素有"文化之乡"之称，历史悠久，人文荟萃，名医辈出，代有传人。国学大师章太炎家就是典型的例子。章太炎家三代行医，他的祖父章鉴除了爱好读书、藏书外，还在家中为人治病，太平军到仓前后，想找他当乡官，他不喜战争，但又回绝不了，只好勉强当了。后来他把一位太平军的头面人物治好了，那人要重谢他，章鉴说："不必多谢，把我乡官这个差使去掉就可以了。"这才得免。章太炎的父亲章浚，避战乱在闲林、苕溪一带给人看病，史料称他"活人无算"。章太炎的长兄章椿伯是钱塘名医仲学辂的得意门生，参与编纂《本草崇原集说》。章太炎先生自己的医学造诣也很深，写了不少对伤寒病症治疗有很高见解的著作。

余杭历史上出的名中医可谓是名医济济，如葛载初、葛子诒出自余杭中医世家葛家，从民国时期直至二十世纪五六十年代在全省甚至全国都很知名。

1. 葛载初

葛载初（1839—1909），名需，字仕衡，又字先德，号载初，仓前东葛巷人，清代名医。他少年丧父，家道贫寒，在闲林埠以摆小药摊为生，后改业塾师，同时刻苦钻研医学，逐渐走上行医生涯。因无名师指点，葛载初尤重在诊后总结得失，终于独辟蹊径，自成医林一脉。

葛载初成名后，求诊船只壅塞东葛巷河汊，诊金以圈廪承置。有些人无钱看病，用纸包了甘蔗梢、石块当钱，他也一笑了之，即使病人一文诊金都付不出他都悉心诊治，甚至施药相助。

葛载初嫡传弟子有数十人，其中高桥徐闲庵、平湖程雨时、闲林单懋清均作为民国时期的杭州医药家被载入《浙江医药史》。湖州人朱子文16岁赴余杭仓前学医，师从葛载初，苦学五年得乃师治虚劳杂症之薪传。名医叶熙春也受过葛载初的指点。

2. 葛子诒

葛子诒（1884—1944），名翼，又名善庆，字子诒。少年时随祖父葛载初习医，民国初去上海行医，先于天潼路桃花坊开业，后迁牯岭路178号设诊。葛子诒当年名重申江，例定出诊每号大洋10块，贫病者不受此例，有时对贫病者还分文不取，甚至免费施药，颇具乃祖之风。巨贾名流慕名求诊者颇众，虞洽卿等名人还赠以条幅字画为谢，但子诒并不趋炎附势，居上海时曾二次被劫，足见其无背景为倚仗。

葛子诒勤于著述，在沪时常与章太炎往来切磋医理，辑有《验方摘录》，著有《药性大全》等，对中医的理论研究远远超过葛载初，可惜他的不少著作因战乱变迁毁失无存。

葛子诒富有正义感和爱国心，他支持一子二女投身革命，加入中国共产党。他的学生萧守三，在宜昌保卫战中为抗击日寇而英勇殉国。

3. 葛炎

葛炎（1922—2003），人民音乐家，东葛巷人，1922年2月10日出生在上海，系名医葛子诒幼子。草药熏香、火罐纵横的家庭并没有使他子承父业，葛炎偏偏爱上了音乐。15岁时，葛炎参加了上海职业界救国会，投身革命救亡活动。1936年10月，他加入了上海"我们的孩子剧团"，火热的童心、纯真的童音，融入滚滚涌来的抗战活动浪潮之中。

到革命圣地延安去！1938年，葛炎受抗日救亡歌咏运动的影响，年仅17岁就背着一把小提琴，加入中华民族解放先锋队，跟随着"我们的孩子剧团"的十几个小伙伴离开上海，奔赴革命圣地延安。他们历尽千辛万苦，一路宣传抗战，终于到达延安，参加了陕西安吴堡战时青年训练班。随后他在鲁迅艺术学院学习，亲聆过冼星海等音乐家的教诲。接受了短期音乐训练后，1939年夏天，葛炎参加团中央组织的"西线青年救亡剧团"，奔赴太行山抗日根据地。同年冬天，他调入八路军129师师部"先锋剧团"，先后任八路军129师音乐队队长、指挥，并开始自学音乐创作，谱写了歌曲《保卫黄烟（崖）洞》和小歌剧《不当皇协军》等抗战音乐作品。1941年，葛炎加入了中国共产党。葛炎在太行山参加抗日时身患重病，八路军总部首长罗瑞卿亲自下令将其送回延安治疗。

1943年，葛炎担任抗日军政大学总校文工团音乐队队长，其间创作了许多鼓舞革命斗志的歌曲和歌剧。抗日战争胜利后，葛炎随抗大总校文工团到东北开辟新的根据地，在东北创作了民乐合奏《山西民歌联奏》和小提琴曲《秧歌舞曲》等作品。

新中国需要自己的电影和电影音乐。1946年，东北电影制片厂成立。1948年冬天，葛炎调至那里任作曲工作，开始接触电影音乐。同年，他就为纪录片《民主东北》作曲。当年他才27岁，从此成为电影音乐创作行列的一名新兵，开始了他的电影音乐创作生涯。

新中国成立之后，葛炎于1951年调入上海电影制片厂工作，任作曲组组长，此后一直活跃在电影音乐创作领域，是国内外知名的电影作曲家，为新中国电影音乐的发展做出了重要的贡献。

电影是一门综合艺术，为了进一步提高自己的能力，葛炎到中央音乐学院苏联专家班听课，补上了因战争而没能上成的专业课。

葛炎曾为《中华儿女》《南征北战》《老兵新传》《渡江侦察记》等影片作曲。他创作初期的电影音乐风格简洁、明快，富有民族风格和战斗气息。在《中华儿女》中他采用民歌音调，用板胡独奏来突出民族风格；在《南征北战》《渡江侦察记》中，他采用部队战斗歌曲的音调，来刻画英勇战斗的战士形象，真实地体现了时代气息。这些影片受到了广泛的好评，为观众所喜爱。

改革开放以后，葛炎接连为《天云山传奇》《秋瑾》《高山下的花环》《芙蓉镇》等电影谱曲。随着岁月的洗礼，这时的葛炎更加注重音乐与影片中各种艺术的协调一致，他深入挖掘影片中人物内心隐藏的思想感情，使音乐融合在电影情节之中，让观众不知不觉受到感染，起到深化影片主题、刻画人物感情、渲染影片气氛的有力作用。如影片《天云山传奇》中，主人公冯晴岚在雪地上艰难地拉着板车，板车上躺着重病中的罗群，这时合唱声响起，就好像是来自大地与群山之间的回声，音乐犹如天际飘来的呐喊声，这一情景交融的艺术片段，给观众留下了至深的印象。

葛炎一生的音乐创作，大多与电影音乐密切相关，特别是那些花费他大量心血的"音乐歌舞片"，对中国音乐界影响颇大。从1961年开始，葛炎就长期生活在云南少数民族地区学习创作，他根据彝族民间长诗创作了《阿诗玛》的电影剧本，又与作曲家罗宗贤合作谱写了《阿诗玛》的全部音乐。《阿诗玛》的音乐在保持民族音调特点的基础上，又突破民族音乐的局限，为发展中国式的音乐片做了成功的探索。这部优秀的影片在1964年摄制完成后，不幸遇到了文艺政策的严重"左"倾，遭到了批判。葛炎在极其艰苦的条件下收集起来的少数民族音乐资料，在"文革"中亦被付之一炬，片纸无存。直到"文革"结束之后，《阿诗玛》才得到"平反"和放映的机会，被尘封了十几年的电影胶片，播映时已经有了很多的霉点，但是仍然受到了广大群众的热烈喜爱。1982年，《阿诗玛》参加了在西班牙举行的"第三届桑坦德尔音乐舞蹈电影周"的评奖，荣获了"最佳舞蹈片奖"，为国家争得了荣誉。

葛炎曾是中国音乐家协会理事、中国电影家协会会员、中国电影音乐学会副会长。他的生平被载入《中国共产党人名大辞典》《中国近现代音乐家传》《余杭通志》等书。

葛炎用他半个多世纪的生命节奏，谱出了时代的强音，他悉心创作的精美音乐，永远留在人们的美好记忆中。

（二）葛巷当代贤人

1. 见义勇为的周宝兴

2003年4月23日晚上8点多，一群手持马刀的外地人闯进村民周某家中，以非法手段追逼非法"债务"。他们暴打周家父子，其中一人还点燃稻草准备焚烧周家房屋。周宝兴闻声赶去，不顾自己势单力薄、年老体弱，对来人进行规劝，并毅然踩灭已点燃的稻草。歹徒挥着马刀向他砍去，周宝兴倒在地上仍毫不畏缩，大声呼援。那伙人见村民纷纷赶来便想要夺路而逃，身负重伤的周宝兴紧抓一个凶徒不放，被拖了20多米，直到凶徒就擒他才因失血过多而休克。经医生检查，他脾肾破裂，结肠、小肠断裂，肺部挫伤。警方勘查现场，发现他被砍断的肠子连起来长达4.5米。后经医生全力抢救，他才脱离生命危险。

勇斗歹徒的周宝兴受到省委、省政府的表彰，被评为"浙江省见义勇为积极分子"，并受到省委、省政府领导接见。

十多年来，仓前街道从未忘记对周宝兴老人的关怀，除每年上门慰问之外，还帮助其解决实际困难。党和政府多年来不间断的关怀与帮助，也令周宝兴老人感动不已。

2. 勤奋工作的陈天林

陈天林是葛巷程家村徐阿喜的女婿，徐阿喜年轻时喜欢习武、狩猎，又是葛巷拳灯主要传承人，以厚以待人著称。

陈天林在家中延续着和睦孝顺、乐于助人的家风。担任原葛巷村村委会副主任的他，多次受到上级政府部门表彰。在1999年"6·30"抗洪中，陈天林不顾个人安危排险，被评为"余杭市抗洪抢险先进个人"。

他的儿子陈旭生也是单位骨干，多次受到上级部门表彰。陈旭生孝顺长辈为村民称道，外祖父徐阿喜年迈力衰，连理发都常由陈旭生背去常去的位于仓前的理发馆。

3. 医学家罗军

罗军1968年出生于葛巷村南周埭，1990年毕业于南京大学生物系，1993年研究生毕业，1995年留学美国，1999年毕业于美国爱荷华州医学院，获博士学位。后至霍普金斯大学医学院工作，从事癌症研究，是一位颇有声望的医学家。

第四节　葛巷故事传说

（一）宵禁不禁葛载初

葛载初救活"死方丈"　清光绪年间，葛载初治愈了已气息全无、被认为已死的留下小和山某寺方丈，堪称"神迹"。

葛载初"误会"不误诊　晚清时，杭州某将军之女身体不适，众医莫辨其症，将军慕名延请葛载初。葛载初询问患者身份，仆妇伸出一个小指，示意是将军小女，他误认为是小妾，按脉象判断早孕。将军大怒，剖开女腹验查，果然胎儿已成，于是改容并厚金赠之，杭城一时轰动。

宵禁不禁葛载初　晚清的杭州城，一到黄昏便要关闭城门，不许百姓出入，直至次日清晨。但对葛载初是例外：一则守门士兵知道葛载初深受将军敬重，万万不可得罪；二则医生夜间出门必有救命之急，于情于理都应该通融。于是，只要打着医家葛载初的灯笼，即使半夜三更，进出杭州城都可通行无阻。

（二）小白菜与豆腐兜

晚清"四大奇案"之一的"杨乃武与小白菜案"，是一件轰动朝野的奇闻。一百多年来，艺术家们多次将它搬上舞台、银幕、荧屏，至今仍为人们津津乐道。

"小白菜"命苦如黄连。她于清咸丰六年（1856）出生在杭州仓前镇毕家塘的一个农民家庭中。民间传闻，她童年丧父，卖身为媳，豆蔻年华又惨遭余杭知县刘锡彤之子刘子翰（历史上的刘锡彤并无叫"子翰"的儿子）强奸，继而卷入横祸，受遍酷刑，于垂暮之年死于准提庵青灯古佛之前。但令人惊奇的是，这样一个命运凄惨、倍受苦难的女子，竟也在当时活到了74岁的高龄，才撒手西去，其中奥秘何在呢？

"小白菜"的真名叫毕秀姑，出身农家，自幼热爱劳动，有个健康的身体。13岁时，其母贪图银洋彩礼，将她卖给豆腐店帮工葛品连为妻。不久，葛品连在杨乃武故居附近的澄清巷14号，自己开了家豆腐店。因毕秀姑模样俊俏，又常穿白衣绿裙，时人就给她取了"小白菜""豆腐西施"等绰号。"小白菜"夫家很穷，其他好东西没得吃，豆腐却是她多年以来常吃的家常菜。她的肤色细白洁嫩，久经磨难依然长寿，可能是与她多年以来进食营养丰富的豆腐有关。

老余杭一带，历来出产优质黄豆，又有集天目万山之水的南苕溪，浩浩荡荡穿过古镇中心地带，向东北方向奔流而去。用清澈澄碧的南苕溪山水配合当地沃土所产的黄豆制成豆腐，这豆腐自然是格外的水灵灵和白嫩细腻了。"小白菜"生活在古镇豆腐店里，长年累月吃这样的清水豆腐做的菜，自然也就长得雪肤花容、洁白如玉，也为她的身体素质打下了坚实的基础，以至她能承受得起超人的磨难。这也就是为什么"小白菜"苦难一生，仍然年逾古稀之谜底。

（三）白龙潭传说

白龙潭是杭州的一个景点，在杭州市西南的西湖龙坞景区，位于龙坞镇龙门坎村，距杭州市中心仅15千米，占地30平方千米。白龙潭旧称老龙潭，在午潮山麓的西洋坞。

　　景区内的白龙飞瀑为"龙门八景"之首,是杭州近郊最大的瀑布景观。白龙潭瀑布由上下两级组成,落差极高,上级高约2米,水直接流到潭中;下级高约27米,瀑布从山崖倾泻、飞流直下,雄伟景象可与雁荡龙湫、溪口雪窦媲美。瀑布在远处看起来宛如一条小白龙游弋空中,从天而降,如烟如雾,跌入潭中的水溅起无数水珠,在阳光下熠熠生辉,是杭州人及外地游客争相欣赏的佳景。

　　关于白龙飞瀑的起源,有很多美丽的传说。传说白龙潭的小白龙是东海龙王的小儿子,他同情百姓疾苦,为造福生灵来到这里,施法留下了白龙潭,千百年来调理风雨、造福民众。又有传说白蛇曾在此山中修行,被到山中采药的许仙惊醒,断桥相会缘起此处。还有传说天下的龙每年八月初八这一天都会在这里聚集,一起谈谈各自管辖领地里发生的事情,互相交流经验,然后由这里的白龙带领各位兄弟姐妹一起游览白龙潭。每年的这次聚会是龙族的盛事,也为白龙潭带来了很多的福气。如果这天人们在潭边仔细倾听,据说还能听到神龙们的窃窃私语。而流传最广的一个白龙潭传说是:在很久以前,龙门山(古称佛肚山)下住着一条白龙,因感山中寂寞,一天突然撞破佛肚,腾空出游,于是有了常年不断的龙门瀑布。"龙门八景"除了白龙潭外,还有青龙潭、小龙湫、观音洞、白龙禅寺(白龙庵遗址)、千丈岩等。探龙潭,攀龙道,登龙门,望龙瀑,构成了白龙潭极具魅力的特色景观,是融山、水、石于一体的幽雅胜景。

　　青龙潭位于千丈岩下,山色青绿,倒映潭中,潭水则愈加青翠欲滴,故名。传说当年小白龙的表弟小青龙来此做客,见龙门山风光绮丽,便起了邪念,欲霸占龙门山作为自己的行宫,结果被小白龙打败,落荒逃走。后小青龙悔过,前来负荆请罪,小白龙原谅了它,并把此潭送予小青龙，许它永久居住。

小龙湫也有一个传说。相传明朝洪武年间，有一年山洪暴发，将这里冲出一道大且深的山涧，在山上采茶的十几名妇女下不了山，情况十分危急。这时一道闪电划过，一声巨雷炸响，将对面的一棵巨树劈成两半，横卧在山涧上，让她们得以安全越过。当地人都认为是山中的白龙在暗中相助，于是将这条山涧叫作"小龙湫"。

白龙潭景区保留了原生态面貌，风光奇特优美，飞瀑流泉，山林茂盛，同临安一带的景点类似。沿着山谷，缘山涧溪流而上，观溪流瀑布峡谷山树，听风声水歌鸟啭虫鸣，这里是杭州近郊的天然大氧吧。特别是夏天的时候，白龙潭的温度要比市区低5℃左右，避暑纳凉到白龙潭，安静又舒服。

白龙潭风景区融合了山水文化、龙文化、佛文化、茶文化等传统文化，文化积淀深厚。古往今来，无数诗人不断为之作诗吟诵。明代诗人田艺蘅有诗云："瀑布自天飞怪雨，石门如峡锁惊波。"乾隆皇帝几度下江南，曾两次到白龙潭一游。著名作家、富阳人郁达夫曾多次到这里欣赏风景，并写下了《龙门山题壁》诗："天外银河一道斜，四山飞瀑尽鸣蛙。明朝我欲扶桑去，可许矶边泛钓槎？"其他描写白龙飞瀑的名句还有"双岩绣出红霞断，一水虚悬白练飞""龙潭喷瀑飞千丈，鱼破传音响四坪"……正是大自然的鬼斧神工，造就了神秘的白龙潭，吸引着无数云游到此的文人墨客，为之挥墨舒怀。

第五节 葛巷的好家风

（一）罗阿土家庭

罗阿土是原仓前镇葛巷村老干部，1960年加入中国共产党，1965年至1970年任仓前公社葛巷大队党支部书记，后任大队长。

罗阿土幼年丧母，少年丧父，没有上学机会。但他记忆力极强，悟性也很高，入党后当了大队干部，虽只能由他人读文件，但依靠记忆力，克服种种困难，长期担负大队领导工作。

1966年，罗阿土与来自杭州的下乡知青傅秀兰结婚后，傅秀兰看到丈夫因不识字，在大队工作中碰到许多困难，就建议丈夫学习识字，用文化知识提高工作水平。在傅秀兰的鼓励和帮助下，罗阿土克服种种困难，开始一个字一个字地学习。两三年后，他就可以阅读文件、报纸，还能看懂一般的政治资料、农技知识小册子等。傅秀兰于1972年当了小学教师，因此有时人们半开玩笑半顶真地说："阿土书记是傅老师的第一个学生，也是最用功的学生。"

虽然傅秀兰初中的文化知识还没有荒废，但她知道，光靠这点知识教学生是远远不够的，于是在工作和家务之余，抽时间参加了中等师范的函授教育。经过三年的努力，傅秀兰取得了中等师范学校的学历，成为具有正式资质、名副其实的小学教师，并继续努力，晋升到小学高级教师职称。

傅秀兰关心学生像对待自己的子女一样，多次被学校评为爱学生积极分子。她还热心带教刚参加工作的青年教师，倾心传授自己的教学经验。她带过的青年教师，后来大都成为教学骨干。

罗阿土、傅秀兰夫妇的好学精神后来影响了子女。他们的儿子、女儿从小就努力学习，根本不需要父母和老师的督促。特别是儿子罗军，追求课外知识如饥似渴，也勤于学习课本知识，1986年以优异成绩考上南京大学生物系，1990年大学毕业后又被保送研究生，取得硕士学位后留校任助教。任助教一年后，罗军考上了美国爱荷华州立大学，攻读博士，后来又在普林斯顿大学医学院做博士后，之后留校任教，升任副教授、教授，现为该校终身教授。

罗军经常回国讲学，回国时总要在百忙中抽出时间回家探望父母，哪怕只是停留片刻。现在罗军的儿子已经在香港读大学。罗阿土、傅秀兰夫妇也常到美国看望儿子、儿媳。

罗阿土、傅秀兰夫妇的勤劳节俭在葛巷是出了名的。罗阿土长期担任生产大队主要领导职务，始终坚持参加生产劳动，能够看书看报后，他吸取了许多农业科技知识。如今罗阿土仍然保持着朴素、勤劳本色，经常找地种植番薯、蔬菜，自己吃不完就分送给左邻右舍。唯一让傅秀兰埋怨的是，罗阿土是去老远的地头劳动，七八十岁的人总是骑着一辆脚踏小三轮车，实在让她放心不下，多次劝阻也不肯听。使傅秀兰欣慰的是，她帮阿土识了字，养成了读报的习惯，如今家里订有三份报纸，阿土看得比她还多。

傅秀兰从城里学生成为下乡知青，学会了许多农活，也在农村成家扎根了。傅秀兰当了教师后依然和村里的农妇亲如姐妹，还参加了仓前街道三胞联谊会。回忆所经历的，罗阿土、傅秀兰做到了老有所学、老有所乐，激发他们的动力是"知识就是力量"。

（二）沈建女家庭

沈建女家在仓前街道葛巷社区仓溢东苑。沈建女1970年7月出生，2010年入党。

沈建女现在杭州特正科技有限公司工作。她工作认真，与同事团结友好。在社区里，她带头参与各项公益活动和文艺活动，深得群众尤其是妇女群众的信任，被选为葛巷社区仓溢东苑业主委员会委员。她的家庭在2018年被评为"仓前街道幸福家庭"。

沈建女的公公董树根1937年出生，18岁就担任生产队干部，并加入共青团，1958年入党。他在当干部时工作勤恳为人称道。

沈建女的婆婆陈美娟，以勤俭持家、和睦邻里著称。

沈建女的丈夫董国生是个体经营者，为人和气，诚信经营，深受群众信任。

沈建女的儿子董瑾是田野家具有限公司的科室工作人员。沈建女的儿媳丁文丽在家孝敬公婆，还经常去探望祖父母，嘘寒问暖。沈建女的孙女在2019年9月出生，四代同堂，其乐融融。

沈建女全家与邻友善，得到群众的信任。她说，参加社区公益活动和文艺活动，既增加了自己的团队协作能力，又提高了自己的素质。

（三）周效洪家庭

周效洪家在仓前街道葛巷社区仓溢东苑。周效洪1972年1月出生，2010年7月入党。

周效洪1994年至2015年在诺贝尔陶瓷有限公司任生产部经理，为开拓业务和技术改进做出贡献，现在绿城物业管理公司当维修工。

葛巷社区《居民公约》

周效洪的妻子葛耀彩1973年1月出生，细心照料几乎完全瘫痪在床、生活不能自理的婆婆，多年如一日，2018年获仓前街道"敬老好儿女"金奖。

周效洪的父亲周树根1934年11月出生，20世纪70年代在葛巷大队加工厂工作，不但工作勤勤恳恳，而且常常放弃自己的休息天去为群众服务。

周效洪的母亲许金娥1938年9月出生，年轻时无论是做事还是人品都为村里群众称道。现因患小脑萎缩症卧床已五年，生活不能自理。在儿媳、儿子的精心料理下，许金娥病情稳定。

周效洪的儿子周明康1994年12月出生，现在创客空间大厦担任招商工作。儿媳董静雯和婆婆一起服侍患病的奶奶，数年如一日，无微不至，是村民口中的好媳妇。

浙江省非物质文化遗产项目——龙舟

第二章　葛巷非物质文化遗产

　　非物质文化遗产是人类历史文明的宝贵记忆，是民族精神文化的显著标志，更是人类在漫长、悠久的历史长河中非凡创造力的重要结晶，如今更是一个城市文化软实力的重要资源。它不仅世代传承于百姓的生产生活之中，更是人们记忆中的文化印记，蕴含着民族文化的精髓，体现了薪火相传、自强不息的民族精神。所以，保护非物质文化遗产，不断挖掘和弘扬其文化内涵与深层价值，对于增强民族自信力和凝聚力，提高精神文化和生活品质有着重要的作用。

　　余杭有五千年的历史文明积淀，留下了为数众多的非物质文化遗产，是杭州的"文化高地"。位于余杭核心区域的葛巷人杰地灵、文化荟萃，是余杭非物质文化遗产最为集中的地方。这些非物质文化遗产依靠传承者们世代相传，绵延不绝。葛巷民俗活动历史悠久、内容丰富、影响深远，其中著名的有龙舟胜会、传统木船制作技艺、掏羊锅、拳灯等，可谓是百花齐放、异彩纷呈。

第一节 龙舟胜会

五常龙舟胜会是第一批国家级非物质文化遗产扩展项目，葛巷所在的仓前街道被划定为保护地之一。

"涛波竞舟庆丰年，河渚破浪祈社安。"对于有"端午大过年"传统的杭州仓前人来说，这一天最重要的事莫过于举行龙舟胜会。

龙舟胜会是西溪一带共同的端午节民俗活动，各村展示的龙舟中以"浪河龙船"最为古老朴素。"浪河"实为"浪湖"，是汉代西溪一带大湖泊——南漳湖成陆后的遗存，位置在原葛巷村、朱庙村与何母梧桐村的相邻地带。因此，葛巷是西溪龙舟的发源地之一。早时余杭龙船的龙头只涂一种青黑色颜料，称为"乌龙船"。和睦桥的浪河里自然村以这种船出名，号称"十八只乌龙船"，被认为是最原始的余杭龙船式样。

西溪村民在端午日自发组织赛龙舟，这种民俗活动便被称为"龙舟胜会"，始于唐宋，盛于明清。从每年的农历四月廿四开始，至五月十三小端午止，乡民们自发在村里请龙王、供龙王、谢龙王、吃龙舟酒，求龙王保平安。端午节这天，会有一两百条龙舟聚集在西溪湿地深潭口"胜漾"。传说清代乾隆皇帝下江南时，看到这百舸争流的景象，欣然御赐"龙舟胜会"四字。

龙舟胜会作为一项融祭神、纪念、问天、祈福、禳灾、体育竞技于一体的民间文化活动，深深扎根于当地民众之中，年复一年，长盛不衰。每逢端午日，不论有多忙，离家有多远，仓前一带村里的男人们一定都会赶回家，参加龙舟胜会，上百条龙舟竞渡，场面壮观。划龙舟为的是求龙王保佑风调雨顺，保佑家家户户人丁兴旺，这是村里最大的事情，也是全村男人们一年中集聚最齐的日子。

仓前集镇的余杭塘河河段，也是农历五月初五大端午龙舟胜会的中心之一，与会龙舟不仅来自仓前各村，还来自五常、和睦，几十年前还包括蒋村。当然，仓前村庄也有龙舟前往五常、和睦、蒋村参与龙舟胜会的。

龙舟胜会主要不是赛速度，而是看花样：众人划桨是否整齐有力，艄公踩艄姿态是否优美，"龙嘴"里是否能压出漂亮的水花……

每年端午正午时分，百余条龙舟聚集于当地深潭口一带，开始龙舟胜会中难度最大、最具观赏性的"胜漾"环节。河面上你追我赶，互争高低，锣鼓声、欢呼声震耳欲聋，划桨激起的水波有1米多高。选手们拼尽全力，力求自己的龙舟压水多、压水高，船身起伏大，划桨整齐漂亮、动作优美，引来两岸成千上万观众的喝彩。如有桨手落水，或有龙舟倾覆，也会引来观众的欢闹嬉笑声。

21世纪以来，随着杭州西溪湿地知名度的提升，龙舟胜会作为国家级非遗项目，推动了杭州西溪龙舟文化节的诞生。2012年6月23日，杭州西溪龙舟文化节暨蒋村龙舟胜会在西溪湿地盛大开幕。西溪龙舟文化节主要是以花样龙舟为核心，举办一系列富有特色的花样龙舟、花样祭祀、花样民俗、花样表演活动；连续举办六届的经典项目——杭州西溪国际龙舟赛，吸引了来自美国、澳大利亚、加拿大、德国、日本等多个国家的驻沪领事馆，外资企业涉外民间团体的156支龙舟队伍激情参与；组织西溪龙舟记忆影像征集、动物与自然电影节、摄影作品展等一系列龙舟主题文化活动，在展示传统龙舟文化的基础上充实与丰富了民俗活动、文化创意，创新和提升了西溪龙舟文化节的内涵。

第二节　传统木船制作技艺

传统木船制作技艺是浙江省级非物质文化遗产代表性项目，仓前街道是该项目保护责任地之一。

余杭一带水路阡陌，湿地密布。仓前更是河道如网，是典型的江南水乡地貌，当地百姓以前的生产和生活都离不开船，船匠技艺历代相传，葛巷便曾以打造农船闻名。

20世纪80年代后，随着陆路交通的发达、传统农业产业结构的调整和耕作方法的变更，农船逐步淡出了历史舞台。原从事农船制作工作的村民因收入低，纷纷改行换道，唯有葛三毛（带一下手）独力支撑，此技艺濒临失传。

葛三毛1937年出生于仓前葛巷，是清末民初余杭著名船匠周长根的再传弟子。1954年，18岁的葛三毛拜同村船匠罗阿华为师，学习余杭水乡的木船制造技艺，1955年进入仓前船木社造船小组，制作余杭水乡的各种农用木船，早早就领会了做船的精髓。

1979年，葛三毛被抽调入余杭仪表厂做木工，1983年回乡。做木工期间，因其超群的技艺，休息日常被附近的农民请去造船、修船。1983年回乡后，他一直在制作各种农用木船。

木船制作工艺较为复杂，有选材、备料、锯板、出线、斫料、刨板、直缝、打钉花、钻钉眼、拼底、圆底、起形、上梁板、上船头板、上船尾板、上舷口等二十几道工序，用到的工具也多达几十种。

葛三毛一辈子做过大大小小各种木船，但最喜欢做的还是龙舟。20

世纪80年代后期，虽然农船被弃用，但划龙舟之风俗又兴起，由于余杭龙舟和钱塘龙舟是利用余杭农船及钱塘农船改装的，所以打造龙舟的技艺得以传承至今。

葛三毛还是老余杭仅存的会造彩龙舟的船匠。制作专用的全彩龙舟比制作一般木船更复杂、更精细，船的主体都采用质轻、耐腐、易弯曲加工的老杉木，余杭船的管口（船舷）采用红椿木，载重量3吨以上的船还采用香樟木作吊底，以增强坚固度，船钉为手工打制的锤钉和盘钉。

葛三毛造的船，农用时轻快牢固，改装成龙舟后，踩得起艄，水法高、险、奇，深受群众欢迎。以前工匠没有评奖之说，但"金杯银杯，不如老百姓的口碑"，在仓前一带，葛三毛的影响力非常大，所有的余杭龙舟及部分钱塘龙舟、手划小船，都出自葛三毛之手。

直到现在，已经80多岁高龄的葛三毛师傅，仍拒绝不了乡亲们的盛情邀请，依然打造着余杭水乡的各种农用木船。"希望祖辈们世代相传的古老的余杭木船制造技艺在我之后能继续流传下去。"这是一位和木船打了一辈子交道的老船匠最大的心愿。葛三毛现为余杭区非物质文化遗产保护项目"农船制作"代表性传承人之一。

一把榔头，一副老花镜，精雕细刻，敲敲打打，从手艺人到守艺人，葛三毛一生倾注于木船制造，这也是他一生的情怀。

悠悠木船，承载着厚重的历史文化积淀，相信跟随着时代的步伐，古老的工艺会焕发出新的生机。而那些离我们远去的木船，会化作美好的记忆，留在我们心底。

传统木船制作技艺

第三节　拳灯

旧时仓前拳灯是闹元宵时的重要表演节目，是一种持各种古兵器轮番上阵表演的民间表演艺术。拳灯相传有三四百年历史，明朝时倭寇扰掠杭州，居于仓前的钱塘名士田艺蘅率领习武乡民抗击倭寇获胜，乡民敲锣打鼓、舞龙舞狮庆祝胜利，后形成拳灯这一非常时期保境安民、平时强身健体、节日献艺的活动形式。民间通常会以拳灯会的形式开展活动，在五常、仓前、和睦一带颇为盛行。

拳灯会最初是民间的习武强身组织，基本上都以所在地的小村名命名，旧时仓前一带几乎村村有拳灯会，以原葛巷、圣殿二村居多，葛巷更是拳灯最盛行的村庄。据史料记载，余杭东乡的拳灯会还配合过革命党人推翻清廷的斗争。

能者为师，代代相传。农闲时村民就聚拢锻炼，锻炼的项目五花八门，后来其性质逐渐演变成为一种强身健体的文化娱乐活动。拳灯表演形式有武术、体育、杂技、游艺、舞蹈等，表演中伴以锣鼓音乐助兴。人们在元宵节前及农历八月十八张六相公庙会进行表演、比试技艺，历时长达一周，堪与龙舟胜会媲美。

拳灯表演以流星、滚叉、滚灯开道，关刀、月斧、杨戩枪、蔡阳刀、吕布戟、九齿钉耙等十八件木制兵器紧随其后。表演中有竹编的重达30公斤的滚球，大球里面含有数个小竹球，小竹球里面有铁环菱，菱里可放燃炭，耍起来似灯闪亮，故称"滚灯"。滚灯伴以舞狮，称为狮子灯；伴以舞龙，就称龙灯。另外，还有穿刀箍、穿火箍、穿桌子、倒立走、叠罗汉等杂技项目穿插其间，基调仍属武术表演。

早在20世纪六十七年代，拳灯活动逐渐凋零，很多村庄已没了传承人，狮子、滚灯、刀枪及服饰都在"文化大革命"中被毁，这项珍贵的民间民俗文化一度失传。

2003年，葛巷村村民郑根生等人重新组建了葛巷拳灯队，添置道具进行习练，拳灯表演这一古老的民间艺术活动在区、街道、村委会的关心和重视下重新焕发了青春。街道的元宵踩街、羊锅节的开锅仪式、径山庙会上都少不了葛巷拳灯队的身影，他们还多次代表村和街道外出表演。在推动文化交流的同时，拳灯队也收获了各种奖项和荣誉，一张张荣誉证书是拳灯队的成绩证明：余杭区首届"良渚古韵"民间艺术展演二等奖，余杭区"一村一品"民间艺术展演铜奖，第四届余杭艺术节"种文化"业余等级团队文艺调演三等奖，余杭区二级业余文体团队等级称号。拳灯队的活动场所也于2012年被定为余杭区非遗传承基地。展示馆墙面上写着大大的标语：让非遗不被遗忘，让文化继续传承。这也是传承人葛国伟的期望。

葛国伟出身于拳灯世家，自幼便随父习武，从小练就了一身好功夫。如今已经60多岁的他，依然身子骨硬朗、精神矍铄，有着灵活的身手。葛国伟介绍："这些兵器每一个都有自己的名字，分别是关刀、月斧、蔡阳刀、杨戬枪（三尖二刃刀）、灵角扒、阳叉、阴叉、佛手、吕布戟（方天戟）、狼牙棒、金瓜钺斧、九齿钉耙、双斧、双锁、伞、大锁、丈八蛇矛、回门双单刀。"在拳灯传承基地，这些兵器被分成两排，竖立在兵器架上。兵器全部为木制，形态色彩各异，每件兵器上都绑着一条红巾，鲜艳的红巾已有些许陈旧褪色，看得出有些年头了，但却不失古色古香的风味。

　　在兵器架后的墙上，贴着表演时每一种兵器展示的照片。"拳灯的道具是刀、戟、枪、棍、锤、钩等十八般兵器，十八般兵器也是十八般武艺。"葛国伟说，"每一种兵器都有自己的套路，兵器不同，套路也不同。"无论是哪一种兵器，他都能耍到得心应手。

　　我国四大名著之一的《水浒传》中，曾这样描述："史进每日求王教头点拨十八般武艺，一一从头指教。那十八般武艺？矛锤弓弩铳，鞭锏剑链挝，斧钺并戈戟，牌棒与枪杈。"明代万历年间，谢肇淛在《五杂组》中解说十八般兵器："一弓、二弩、三枪、四刀、五剑、六矛、七盾、八斧、九钺、十戟、十一鞭、十二锏、十三挝、十四殳、十五叉、十六耙头、十七绵绳套索、十八白打。"白打即徒手击拳，十八般武艺原来全指兵器，至此时又把白打包括进去。在拳灯的各项功夫中，拳是极为重要的一手。

　　在拳灯传承基地，除了兵器，还摆放着舞狮的狮头、舞龙的龙具、滚灯和锣鼓。葛国伟不但对拳灯套路信手拈来，还熟练掌握滚灯的制作技巧。他说："这些滚灯是我用竹子编制而成的，要花好几个小时编出这个圆形球体。每个竹子相交叉的地方，首先用布条固定，竹条定型以后，再把布条拆掉。"为了让滚灯更加好看，他还特意在每一根竹条上缠上颜色鲜艳的装饰彩条。

　　对于拳灯的表演特点，葛国伟介绍："拳灯的基调虽然属于武术表演，但是两者之间有很大的区别。武术重在格斗，仓前的拳灯侧重于动作的协调、优美，倚仗色彩浓厚。拳灯表演并不是单一的，在表演时要和龙灯、狮子灯、舞龙、舞狮等配合起来。各种项目的套路约定俗成，各种器械的演练都有程序和规则，伴随着锣鼓的节奏进行转换。"这样一种内容丰富的表演，需要团队成员默契的配合。葛国伟作为拳灯队的教练，和队员们悉心研究、认真操练，力求表演时动作更趋完美，大大增加了观赏性。

作为拳灯的第五代传承人，葛国伟将现有的拳灯套路传授给了年轻一代，为拳灯的保护与发展做出了重要的贡献。"薪火传承，代代相传"，葛国伟的孙子葛俊杰，今年只有16岁，但已掌握了拳灯的所有套路，成为拳灯第七代传承人。还有年仅9岁的楼叶浩等人已训练两三年，新一代拳灯队伍正在形成。

拳灯

第四节　捻竿制作技艺

捻竿正名"罱"，是杭嘉湖水乡旧时最主要的捞取河道淤泥当肥料的农具。葛巷村捻竿埭自然村以制作捻竿闻名杭嘉湖，制作捻竿的历史有两百余年，湖州、塘栖等地农家都来定制，连村庄都因捻竿得名。

随着农作方式的改变，捻竿逐渐淡出仓前及附近镇村村民的生活，能完整了解捻竿制作工序的人也已不多，章耀炎可谓是为数不多的传承人之一。

捻竿埭制作的罱是西溪湿地一带独特的篓式罱，与其他地区流行的网式罱不同，样式有锅铲捻、半荷包捻及种捻三种，工艺独特，有选捻头引、掖捻竿、小服、大糙、开条、钻孔等工序。这种罱省工高效、维修方便，历来深受农民青睐。

该项目为余杭区非物质文化遗产代表性项目，葛巷村的章耀炎是代表性传承人。章耀炎家自高祖章增桂（生活于清道光至光绪初）就制作捻竿（高祖以前亦制作，但姓名及生卒年已难考证），现已传至章耀炎之子章建芳。

开展"五水共治"以来，捻竿的功能重新引起人们的重视，用捻竿清除淤泥不需封闭河道、不损坏堤岸，搬运捻竿又很方便，更可到挖泥机无法开进的地方作业。目前，塘栖、仁和、良渚、闲林等镇（街道）纷纷前来批量定制捻竿，捻竿制作技艺的未来大有可为。

第五节　七月三十点岁烛

　　农历七月三十是"落苏节"，也是"地藏节"。"落苏"是茄子的俗称，取"落得舒适安逸"之意。"落苏节"上，孩子们最关心的是落苏灯，在圆茄子当中挖一个洞，里面插上一根小蜡烛，便成了一盏落苏灯。孩童们拿着落苏灯聚在一起，比谁的落苏大，比谁的灯儿亮。如今"落苏节"已没落，但仓前等地仍有旧俗，这一天，路边仍可见到点点烛火，这是从古延续至今的"点地灯"的风俗。

　　传说中的地藏王原为女身，"七月三十点岁烛"源于佛教"目连救母"的传说。相传目连之母为人很不善良，又喜食鱼子，去世后堕入地狱受尽折磨。目连因受佛指引看到母亲苦难，立志劝人为善，解脱了母亲的地狱之苦，自己也成为地藏王菩萨。

　　旧时仓前一带百姓将七月三十地藏王菩萨生日定为出嫁女儿回娘家省亲的日子，并以"点岁烛"这一特殊方式为健在的父母亲祈福。

　　每年农历七月三十前几日，出嫁女儿都要带上礼品和香烛回娘家探望，午饭后留下香烛礼品回自己家，七月三十晚餐后再去娘家点燃香烛，插于地上。通常，各家所点的蜡烛和香，都是由出嫁的女儿买来。蜡烛按健在双亲年龄之和（已故的不计入）购买，每岁一烛，比如父母的年龄加起来是150岁的，那就要买150支蜡烛，1支都不能少。不管出嫁的女儿有几个，每个女儿都得买150支蜡烛。另加供奉天、地的各1对，每支蜡烛配若干支香，从娘家屋前沿路隔一定距离插至村庄所在的土地庙或家庙门口。新中国成立后，土地庙消失，人们仍将香烛插至土地庙原址上。

在漫长的岁月中，形成了许许多多的岁令时节和风俗，"七月三十点地烛"便是其中典型的一项。这一习俗据说是自九华山传至仓前，明清时尤为鼎盛，一直延续，经久不衰。

至于为什么非得嫁出去的女儿买，据老人们说，以前医疗水平差，生孩子就等于是在鬼门关走了一遭，而父母一般是由儿子养老，让出嫁的女儿买蜡烛，是要她们尽点孝。

"点岁烛"是一种"孝"文化的传承和体现，与现今提倡的"常回家看看"一脉相承。为健在的父母祈福，使父母亲睹女儿之孝，堪称仓前一带孝文化的真实体现。"点岁烛"过程中，出嫁女回娘家时与左邻右舍小别重逢，相互致意、问候的现象随处可见，对营造邻里和谐氛围也起到一定的促进作用。

第六节　箍桶技艺

箍桶是江浙一带的传统手工工艺，也是葛巷的非物质文化遗产之一。箍桶直接来源于劳动人民的生活，是余杭区民风习俗的集中体现，保留着当地人民特有的生活习俗和审美观念，体现着余杭区独具特色的历史文化内涵。

以前，我国生产力水平相对低下，制造工业还不发达，百姓家里普遍使用的是木桶、木盆等手工制作的日用品。箍桶是旧时农村常见的行业，其制品广泛用于生产、生活、计量、礼仪等方面。箍桶所制作的虽大多为小型器物，但种类繁多，每类对工艺的要求不同，仅大小工具就

箍桶技艺介绍及展示

有五十余件。箍桶的基本工序有选料、购料、取料、角缝、上排销、打箍、刨整、安装附件、油漆等。

在余杭，有很多风俗习惯，如女子出嫁、过年祝福都会用到箍桶，像女子嫁妆中的圆件（如脚盆等）就是箍桶制品。马桶，俗称"子孙桶"，木质，桶身上乌漆，为旧时姑娘出嫁必备之物。过年的祝福仪式十分隆重，祭祀祖先时，端上"五牲福礼"，就把祝福装在红漆的木桶盘内。制作这类器物的工匠称为"箍桶匠"，是木工的分支。箍桶匠大多分布在农村小集镇，作为旧余杭县东乡最大的集镇，仓前历来是箍桶技艺比较集中的地方。直至20世纪60年代，尚有陈阿林、阿毛、楼跃山等箍桶匠人在当地活跃。影响较大的匠人，人们对其称呼常在其名字前加上"箍桶"二字，如"箍桶小海""箍桶阿林""箍桶根生"等。旧余杭县东乡相对富庶，大户人家较多，家用桶、盘类器物名目繁多、做工较细，因此东乡的箍桶匠人众多，手艺也较知名。

箍桶这一非物质文化遗产含有大量的传统伦理道德资源，如"子孙桶""祝福桶"等制品的命名就和人们的嫁娶、祝福等生活习俗紧密相连，而箍桶制品上所雕刻的不同花纹则蕴含不同的寓意，体现了劳动人民朴实的生活理想。箍桶这门传统技艺在旧时为弱势群体提供了谋生的出路和生存的空间。

改革开放以来，现代科学技术迅猛发展，百姓的生活水平逐步提高，加之年轻人作为消费主力军更趋于接受现代生活方式，对传统生活的认可度日益淡化，传统的卫浴设施如浴桶、脚盆，被现代的浴缸和轻便便宜的金属、塑料制品代替，于是箍桶这门传统手艺失去了赖以生存的土壤。另外，箍桶属于口授类非遗项目，一般需要依靠口授和行为模仿来实现传承和发展。但传承发展存在两个问题：一是历史上商家和专有技术传人为了保持本字号、本家族拥有难以被复制的核心竞争力，往往构建技术壁垒，通过传子不传女、传本家不传外姓等方式，防范核心技艺的扩散，致使传人稀少。二是一些技艺未摆脱传统的思维惯性，技术缺乏创新，导致箍桶传统工艺人才难以实现从"匠人"到"艺术家"的跨越。由于缺乏创新，箍桶逐渐退出了人们的日常生活。

虽然箍桶逐渐退出人们的生活，但当年挑担串村的箍桶匠仍是一道令人怀念的风景。箍桶现在是余杭区级非物质文化遗产代表性项目，葛巷村的罗春根是代表性传承人。

第七节　掏羊锅

　　杭嘉湖自古就有"天下粮仓"之美誉，仓前更是"天下粮仓"的原生地，以鱼米之乡、蚕桑之地著称，水丰草肥的环境和农业生产的肥源需要，圈养湖羊成为这里的一道风景，并出产了被誉为软黄金的羔羊皮，还产生了著名的仓前冷板羊肉（又称"白切羊肉"）。冷板羊肉的基本工艺是将剖开的羊爿用"老汤"（反复使用的汤汁）煮熟，待羊肉冷却后切开，羊肉呈板状，味道特别鲜美，是葛巷村的特色美食。

　　"掏羊锅"派生于冷板羊肉烹制技术，已有一百余年历史。羊肉价格贵，旧时冷板羊肉只有少数富人吃得起，普通百姓难得享用，只能趁羊肉煮熟开锅时，将处理过的羊骨架、羊血、羊内脏等廉价"下脚"倒入锅中。烧煮白切羊肉须用陈汤作基础，汁鲜味重，包含着许多羊肉中的精华，用其煮出来的"下脚"味道特别鲜美。隆冬时节从热气腾腾的羊锅中掏出这些"下脚"，配以蒸熟的羊血和佐料，风味、气氛别具一格，成为仓前特有的菜肴。当地人把吃价廉味美的"下脚"戏称为"掏羊锅"，并逐渐形成习俗。

　　"掏羊锅"产生的另一种说法是：乾隆第三次下江南的时候，曾在余杭微服出行。到了仓前镇葛巷村，他在当地农户羊老三家品尝了仓前名肴"掏羊锅"。乾隆吃后非常满意，亲笔写下"羊老三羊锅"几个字，制成牌匾，派钦差送至羊老三家。方圆百里的人闻讯"掏羊锅"得到皇上钦点，蜂拥而至，"掏羊锅"一时声名远扬。这是最早有关"掏羊锅"故事的文字记载。在目前我国饮食传说中，皇帝微服私访品尝民间饮食的故事几乎各地都有，因乾隆、康熙多次离京巡游，进入民间酒店、百姓之家的可能性大些，因此与他们有关的故事就特别多一些。这则"掏羊锅"的传说可能是地方风味食物的宣传推广者为提高身价，把平民食物和掌权者结合起来，以期取得良好的社会声誉和商业价值。

仓前关于"掏羊锅"的宣传册中是这样介绍的：过去，仓前葛巷村有许多农户专门从事活羊收购、羊肉屠卖的活计。羊肉卖完，剩下的羊头、羊脚、内脏之类的羊杂碎只能留着自己吃。自家吃不完往往邀请隔壁邻居、亲戚朋友一起吃，一桌人边喝酒，边叙家常，边从锅里掏着吃。羊锅中有羊肠、羊肚、羊头肉、羊心、羊肝、羊肾、羊脚等，大家掏上来什么吃什么。这个"掏"字，一是指从羊身上掏些"肚里货"，二是指从锅里掏些杂碎吃。当羊杂水淋淋、香喷喷、热乎乎地出锅的时候，能给味蕾和视觉强烈的感受。每年秋收结束后，掏羊锅就成了当地农家的保留节目，有人边喝边开心地打趣："羊脚沾老酒，强盗来不走。"这种看似"源于生活"的介绍，却满是"高于生活"的想象。

改革开放后，葛巷村成了名闻遐迩的冷板羊肉经营专业村，"掏羊锅"也再度兴起，白切羊肉和"掏羊锅"一起成为宴中名菜。

仓前最早掏羊锅的制作者是王荣法。生于1964年的王荣法是仓前人。他从1985年开始一直在砖厂打工，1996年砖厂面临倒闭，无奈之下，他与妻子商量改行。当时冷板羊肉盛行，王荣法决定拜师学习制作冷板羊肉，学成后开始经营冷板羊肉店。1997年冬日的一天，一位朋友说要来吃羊肉，于是王荣法早早杀好羊，烧好羊肉，因为彼此熟识，他把一般不在市场上卖的羊骨头、羊杂碎等也拿出来招待朋友。王荣法端上热腾腾的羊肉、羊骨头、羊肠、羊肺、羊肚炖在一起的"羊锅"，大家围坐在桌旁，边吃边称赞不但羊肉好吃，羊骨、羊杂碎也非常入味。

正是这次吃羊肉的经历，为制作冷板羊肉时产生的副产品找到了一条好的出路。此后一传十、十传百，经常有人来王荣法家吃羊肉和羊杂碎，时间久了，他家就成了熟人专吃羊骨、羊杂碎的"私房餐厅"。

2000年，王荣法和仓前太炎酒店联营，由太炎酒店代销他家特制的羊肉、羊骨、羊杂碎，并将这样的吃法定名为"掏羊锅"。2005年，仓前大酒店出价14万元买断了王荣法的羊锅制作方法，当年就为该酒店带来了百万营业额。

2006年冬天，仓前镇举办太炎故里首届仓前羊锅节，至2021年，已举办了十六届，吸引了无数中外食客参加。仓前羊锅节声名远播后，甚至有人从东北、山东赶来拜师学艺。

2008年初，"仓前掏羊锅"被列为余杭区非物质文化遗产代表性项目，王荣法为该项目代表性传承人。2009年，仓前羊锅节被列入2009年西湖博览会"美食美味之旅"主题活动，并荣获"中国十大饮食类节庆金手指奖"，葛巷村被中国城市经济学会、中国节庆产业年会组委会授予"中国民俗美食第一村"称号。

走上富裕之路的葛巷人不忘向困难者施以援手。2011年，葛巷村的村民们共同出资数万元，为贵州贫困地区白家乡留守儿童提供一年免费营养餐。2012年，村民们又筹集资金数万元，与那里的孩子结对助学。

第八节　越窑秘色瓷烧制技艺

青瓷起源于德清窑和余杭窑，越窑在中国古代南方具有代表性，生产年代自东汉至宋，以唐代工艺最为精湛。秘色瓷是进贡朝廷的特制青瓷精品，因制作工艺秘而不宣得名，代表青瓷的最高水平，其配方已失传，烧制技术难度极高。

走进罗洪文陶瓷工艺技能大师工作室，映入眼帘的全是流光溢彩的陶瓷制品，让人目不暇接。罗洪文是仓前街道葛巷村人。他爷爷从事用土窑烧缸烧甏的工作，后来他父亲接下了他爷爷的班，在土窑里烧过砖瓦。在爷爷、父亲潜移默化的影响下，罗洪文爱上了古陶瓷。1989年从余杭农业技术中学毕业后，瓷器的收集和鉴定一直是他的爱好。1993年，年仅24岁的罗洪文开始真正"玩"起了泥土，走上"传承、挖掘、研究、创新"古陶瓷之路。

看事容易做事难，一开始接触陶瓷，罗洪文就遇到了不少的难题，如捏泥会散、修坯不光洁、雕刻不成型、釉水配比难均匀等。于是，他一边自己摸索，一边拜师学艺。为了更好地提高技艺，他先后到中国美院的青瓷技艺研修班、景德镇陶瓷学院美术设计系等四所高等院校的相关院系学习深造。

功夫不负有心人。2015年12月，罗洪文创作的越窑青瓷作品《果盘》在第三届绍兴上虞秘色瓷研发比赛中获得第一名；2016年9月，作为浙江元素之一，他制作的越窑青瓷梅瓶、镂空雕香薰在萧山国际机场G20贵宾专用候机楼进行展示；2018年6月，作为越窑青瓷的代表，他应邀参加了浙江省民间文艺家协会、浙江省人民对外友好协会在日本静冈举办的浙江省民间工艺美术展示会。

中国古陶瓷学会副会长沈岳明评价罗洪文的烧制水平已非常接近古代秘色瓷的烧制技艺，堪称当今国内一流水平。德国陶艺专家莫妮卡称赞罗洪文的青瓷是她"一生中见过的最美瓷器"。浙江省博物馆专家蔡乃武评价罗洪文的作品代表了现代技术仿制唐代、五代秘色瓷的最高水平。2016年4月，他的作品《梅瓶》参加第六届中国（浙江）工艺美术博览会并夺得金奖，《粉盒》获得银奖。

2016年6月6日，由余杭区文广新局主办了国家级工艺大师、全国唯一的国家级越窑文化传人嵇锡贵收罗洪文为徒的仪式。在嵇锡贵的悉心指教下，罗洪文对陶瓷更喜爱了，对研究古陶瓷更有梦想了，制作陶瓷的水平也更高了。嵇锡贵大师先后参与了中南海毛主席用瓷釉下彩"梅竹"成套餐具（即7501餐具）的设计制作、上海锦江宾馆接待外国元首专用大型釉下彩"麦浪滚滚"成套餐具的设计制作、毛主席纪念堂陈设瓷及轻工部下达的"传统青花瓷的研究""陶瓷稀土工艺灯具"等大型项目的开发研究，并多次应邀参加在国内外举办的陶艺名家交流活动。说起嵇锡贵老师，罗洪文很是敬佩："我取得的一切成就，嵇锡贵老师功不可没。"

从1997年开始，罗洪文还跑遍省内各大古窑遗址和全国古玩市场，从古瓷碎片到完整器具，他对古瓷颜色、器型和纹饰进行专项研究，还被省收藏家协会聘为青瓷鉴定专家。

罗洪文还受到周梦旦、李志文、廖光荣等国家级瓷器工艺大师的指导，在中国美术学院陶瓷艺术系主任戴雨享教授、中国工艺美术大学顾问高而颐的支持、帮助下，通过上千次烧制试验，恢复了传统的古陶瓷

青瓷展示

成型、纹饰雕刻制作方法；通过对泥土和釉水的配对试验，实现了从二元配方到一元配方的突破，真正达到了古瓷最接近的釉土配比和成瓷效果；通过烧成工艺的研究，实现了1200℃以下古陶瓷烧成工艺的重大突破。2013年4月，余杭电视台专栏报道了罗洪文的研究成果。

罗洪文凭借娴熟的古陶瓷捏泥、拉坯、修坯、雕刻、釉水配比和分析、烧成等技能，成为陶瓷工艺技能大师。今天的成就，他归纳为两点：一是祖辈的熏陶，二是师傅的指导。2016年，越窑秘色瓷烧制技艺被列为余杭区级非物质文化遗产代表性项目，罗洪文是该项目代表性传承人。为了将古陶瓷烧制技艺发扬光大，2016年，罗洪文在余杭街道建立了陶瓷工艺技能大师工作室。工作室有250平方米，聘请了8名专业人士组成团队。工作室主要从事良渚文化黑陶、余杭窑、越窑和南宋官窑等仿古品的制作，成为余杭陶瓷、浙江青瓷文化的传承基地。2019年，罗洪文被评为杭州市劳动模范。

葛巷社区开展《我和我的祖国》观影活动

第三章 文化家园党建引领

　　葛巷社区自正式成立以来，始终贯彻落实习近平新时代中国特色社会主义思想，让党建引领新征程，提炼形成"一条红巷建立五扇门，一个社区融入五颗心"的党建品牌，借助"五扇门"空间服务体系和"1＋3＋3＋X"宝塔型社区组织架构管理模式，通过"三联并进""三共互促""三效合一"三大举措，积极打造未来社区。

　　2021年，葛巷社区顺利实现换届工作，社区建设进入新阶段。社区以未来社区平台为基础，重新调整网格支部划分，开展"红巷百灵"综合型党组织精品化建设，提升党建引领的社区治理水平，重点做好垃圾分类、平安建设、社区服务等工作，特别是在新型冠状病毒肺炎疫情期间，通过闭合管理、现场办公、有序开放等举措，实现群防群治、科技防控，形成内紧外松、和谐良好的氛围，为全市的防疫工作贡献自己的力量。

第一节　社区党建治理新征程

葛巷社区始终贯彻落实习近平新时代中国特色社会主义思想，把加强党的执政能力建设落实到社区建设中来，协调推进、统筹推进、一体推进，让党建业绩"看得见"。

（一）党建引领"美丽新征程"

1. **整治基础环境**。葛巷社区以"洁、畅、安、美"为环境整治标准。"洁"即确保小区环境干净整洁，无"牛皮癣"、无积水、无乱贴乱画；"畅"即人、车各行其道，车辆摆放整齐，道路平整畅通，无乱停乱放、乱设摊点、占用消防通道等现象；"安"即无乱搭乱建、私拉乱接等违规违法行为和安全隐患，楼道灯无破损；"美"即楼道美、阳台美、环境美、人更美。

2. **重视垃圾分类**。一是搭建组织架构。葛巷社区成立"垃圾分类"领导小组，明确责任分工，组建"宣导队、服务队、巡查队、督导队、分拣队"五支队伍，全力推进垃圾分类工作。二是抓好关键时间点。安排专人在每天垃圾投放高峰期在垃圾投放点引导居民做好分类，对分类正确的家庭给予鼓励。三是抓好关键人群。追根溯源，垃圾袋实行"袋户绑定"功能，分拣员抄写编码，对没有进行垃圾分类或分类不准确的家庭上门指导，对垃圾分类做得好的家庭进行表扬。

3. **落实长效管理**。一是正向激励。年终进行"最美楼道"评比，每季度进行"垃圾分类"评比，对优秀的楼道及垃圾分类户除了表扬公示外，更有物质奖励。二是提高居民素质。实行"门前三包责任制"，同时利用每周六的"百姓清洁日"，发动党员、干部、群众一起参与"清洁家园"活动共15次，750人次参与，已形成"美丽家园"共建共享的良好氛围。

（二）党建引领"服务新征程"

1. **党员充当"先锋队"**。一是坚持"1＋X"联户模式。"1"即1名党员，"X"是指网格协管员、物业人员、志愿者、楼道长、居民代表等，他们与党员组成联户团队开展党员联户模式。每月15日是党员固定活动日，社区党员听取、搜集居民群众对社区管理、小区物业管理、消防安全隐患、邻里关系等方面的意见建议，了解他们的"急难愁、需求盼"，上门解决居民困难。严格执行"三会一课"制度。健全党的组织生活，从严教育管理党员，提高党员素质，增强基层党组织的凝聚力和战斗力。二是建立"党员志愿服务站值班接待制度"，每天安排党员在党员之家接待居民，一方面解决居民实际生活中的"小事儿"，另一方面收集社情民意，及时向上级反映。三是组建"小事儿帮帮团"。根据党员自身特长，认领小区内的责任岗，开展党员志愿服务日，发挥团队优势，并带动有志于服务居民的志愿者参加，为居民群众提供衣服裁剪、健康咨询等服务。

2. **打通服务群众"最后一公里"**。一是推进"最多跑一次"改革。社区是"最多跑一次"工作的延伸，一窗受理集成服务，由外部跑变成内部跑，每天前来办证的群众很多，社区工作人员耐心讲解新流程，于平凡中彰显不凡。二是设置居民休闲区。"书香堂"提供党建、少儿、政治、法律、科学等方面的书籍，社区居民可以到这里读书学习；"市

|1|2|
|3|4|

1. 葛巷社区与共建单位结对签约仪式
2. 葛巷社区垃圾分类宣讲培训会
3. 葛巷社区居民公约讨论修订会
4. 葛巷社区防止网络电信诈骗宣传

民客厅"为附近的居民和环卫工人提供休憩场地。三是构建"熟人社区"。通过文化走亲、定期播放电影、开展健康讲座、端午节包粽子、端午节舞龙、成立书画小组等丰富多彩的活动,打破邻里间的陌生感与隔阂,弘扬辖区特色文化,传承居民文化记忆。

3. **打造邻里生活服务圈**。一是守护好公平正义。葛巷社区党群服务中心是居民的"自家门",居民进入社区就如进自己的家一样可以安心地办事、休憩、学习、交流。居民们的心理是"不患寡而患不均"，小到活动安排、礼品发放，大到股份分红，社区都要做到"公平公开"，向群众讲解清楚，让群众心服口服，让居民们感到"安心"。二是服务好小区居民。葛巷社区物业公司项目部是居民的"安家门"，其采用自我管理、自我服务的模式开展一系列物业服务工作，为居民装修、入住、维修等生活需求提供便捷服务，为居民安好家、管好门，让居民们感到"放心"。为充分发挥党员的先锋作用，社区还成立了功能性党支部，并派一名社区班子成员担任物业党支部书记及副总经理，负责物业工作。同时，为解决失地农民的就业问题，物业聘用他们负责相关工作，目前物业管理的工作人员95%以上是当地居民。三是守护好居民的钱袋子。社区指导居民把金融理财委托给"钱家门"。小区居民手中有大量的拆迁款，为防止居民落入金融诈骗骗局，社区联合浙江省农村商业联合银行提供志愿服务，宣讲金融诈骗套路，提供正规的金融理财产品，保证居民的财产安全，让居民们感到"省心"。四是服务好社区老年人。葛巷社区的居家养老照料中心是居民的"好家门"，是展现孝文化、倡导好家风、引领新风尚的重要平台。社区为老年人提供送餐、医务护理、义诊、理发、心理咨询等服务，让老人们感到"贴心"。五是整合好身边的资源。社区志愿者服务站、社会组织培育孵化站是居民的"诚家门"，充分调动社区企业、商家代表、社会组织、居民协会、志愿者团队、党员义工等多元主体，为居民提供家庭医生、老人日间照料、弱势群体援助、关爱助残、妇女就业帮扶、矛盾调解、环境维护等多种服务，建立社区服务生态圈，让居民们感到"暖心"。

良渚街道村社干部参观团走进葛巷社区参观调研

（三）党建引领"治理新征程"

1. **用好"关键少数"**。社工、业委会、居民代表在社区工作中起着至关重要的作用。一是提高社工的专业化水平。积极组织社工参与街道、区委组织部举办的社工培训，并赴周边社区参观取经，提高为民服务的水平，当好政策宣传员、群众服务员、矛盾调解员、社区治安员这"四员"的角色。二是增强业委会的管控力度。仓溢东苑小区业委会采用社区班子成员任职的方法，并通过培训、走访调研、每月例会、组织团队建设活动等方法让业委会成员身入心入，真正跟党走。三是增强居民代表的正能量。榜样的力量是无穷的，通过组织活动发掘热心公益、有专项特长的人才，引导他们为民服务、为社会做贡献，成为"最美"葛巷人，创建"和谐共融"的社区生态。

2. 实施"网格管理"，让城市管理像绣花一样精细。葛巷社区依托"全科网格、智能化平台"两大法宝，落实全科网格管理机制。社

党建共建，共赢互惠

区划分为5个网格，成立了6个网格党支部和1个物业公司党支部，整合100名网格员，做到任何区域都有人巡、有人查、有人管；搭建智能化平台，开通微信公众号及App，实现"重大事件一网联动，日常管理一员解决"的格局，提高办事效率。目前，已处置道乱占5起、车乱开15起、摊乱摆10余起，问题处置率达100%。

3. **汇聚"多元合力"，创建协商自治模式。**一是建立"1+3+3+X"宝塔型社区组织架构管理模式。"1"指以党组织为核心，新建葛巷社区党组织；第一个"3"分别指居委会、股份经济合作社、社区协商议事组织；第二个"3"根据党建带群建的要求，分别指以工会、团支部、妇联等为代表的群团组织；"X"指在社区党组织、居委会指导下的社会组织，如物业公司、业委会、房东自治协会、沿街店铺商户联盟等。二是设置"六位一体"运作机制。定期召开由社区党组织召集，居委会、业委会、物业公司、社会组织、社区民警参加的联席会议，通报各自的工作进展，协商小区的重要事务。三是发挥党组织"政治引领力"的作用。充分调动社会各界参与社区建设的积极性，激发基层民主建设、社会管理创新的生机与活力。

第二节　记得住乡愁、看得见未来

作为撤村建居型社区，葛巷社区一直存在着"本地村民融入城市生活难""新老居民融合一起生活难""社区干部融洽各种关系难"这三大难题。社区始终以问题为导向，不断构建纵向到底、横向到边的组织体系，激活一呼百应的共治力量，启动减负增效的数字支撑，通过"三联并进""三共互促""三效合一"三大举措，积极打造"记得住乡愁、看得见未来"的社区新模式。

（一）三联并进，构建纵向到底、横向到边的组织体系

一是组织联建，整合各方力量。葛巷社区融合街道、社区、物业、业委会、小区等各方力量，形成联动机制进行管理。以仓溢东苑小区为例，其成立了"红巷百灵"统合型党组织，依托党员的优势来填补小区管理的短板。二是网格联心，加促块状包干。以网格为单位，强化社工、"红巷"党员、楼道长、物业、社会组织五方联动力度，以"线上议事厅"为依托，第一时间搜集、解决并反馈居民提出的问题，截至目前已解决了住户装修、电梯维修、快递遗失等各方面问题50余个。三是党员联楼，打通服务末端。打通社区与居民之间的最后一公里，实现楼栋党员＋居民代表＋楼道长的"最强组合"，实行"双线"联动，通过线上支付宝小程序及线下走访群众的形式，了解群众需求、融洽党群关系。

（二）三共互促，激活一呼百应的共治力量

一是聚焦民意诉求，小区共管。葛巷社区每月定期召开两次社区联席会议，广泛听取租客、商户、物业、业委会、居民代表等的意见建议，实现小区居民共同管理的新局面。针对小区西门露天摊贩影响道路交通安全及城市形象的问题，社区会同"红巷"党员借助自身行业优势，联合物业、楼道长、业委会的相关人员上门走访、现场劝导，最终申请到周边的一间店铺为自产自销商铺，实现老村民的"卖菜梦"。二是做深民主协商，难点共商。依托银龄议事、伊欣议事、安家议事等组织载体发表居民多元共商"好声音"。例如，在垃圾分类推进过程中遇到居民"找桶难"问题，小区党组织通过几十次的走访和探讨，最终确定了定时定点的投放方案，并经业主大会表决通过。三是搭建交互平台，资源共享。吸纳花样年华、易优公益等6家社会组织和辖区内的银行、学校、医务室、企业等党建共建单位，为居民提供养老、医疗、亲子、教育、金融等服务。同时搭建多支文体队伍，借助"我们的村晚""青年创客汇"等活动载体，提高居民们的生活品质。

（三）三效合一，启动减负增能的数字支撑

葛巷社区以未来社区建设为契机，构建小区一站式服务平台，让治理更深入。一是立足时效。坚持需求导向，通过微心愿、一键拨打、物业小报、线上场地预约等功能模块，全天候统筹党员力量，2020年共服务居民两万人次。激发红色力量，推出"时间银行"模式，将党员志愿者提供的志愿服务时间转化为"时间币"，未来可兑换相同的志愿时长。运用智慧化手段，提高"服务效率"。引入"快递无人车"模式，

共建共享，共创美好家园

同时也把社区换届、垃圾分类、平安三率等新变化和新政策及时宣传到居民家中。二是狠抓绩效。党员志愿者采用积分管理、物业人员采用效率管理，高效处理民生问题，减少矛盾。2020年以来，"红巷百灵"党组织已解决小区报事两百余件，居民的获得感和幸福感逐步增强。例如，居民通过支付宝小程序反馈卫生间漏水问题，未来社区平台第一时间收到信息，在30分钟内完成调解。三是追求长效。筛查治理盲区，依托大数据、物联网、人工智能等手段，为社区治理装上"天眼"，信息抓取又快又准。

葛巷，一个地处城西CBD的社区，一个拥有17亿资产股份经济合作社的社区，始终把造福群众、服务群众作为工作的出发点和落脚点，为余杭区"撤村建居型"社区的发展提供葛巷方案、发出葛巷声音、贡献葛巷智慧，为城西腾飞贡献自己的力量。

第三节　党建品牌创建之旅

葛巷社区成立之初，在仓前街道党工委的悉心指导下，提炼形成"一条红巷建立五扇门，一个社区融入五颗心"的党建品牌，借助"五扇门"空间服务体系和"1＋3＋3＋X"宝塔型社区组织架构管理模式，三社联动，五治融合，用城市治理给"老村民"和"新居民"建立一个崭新的邻里生活圈。近年来，葛巷社区全面推进"三个全域"建设重要部署，在社区"党建＋"工作思路的基础上，深耕精神文明建设，巩固建设成效，努力将这个新建社区稳稳"搭乘"在城市治理现代化建设的航班上。

（一）深抓常规文明创建

葛巷社区对辖区内的3个封闭式小区的洁化、美化、序化工作常抓不懈，多途径、多维度地扩大基础宣传力度，并做好社会主义核心价值观、垃圾分类、平安创建等政策的宣传引导，充分契合社区生活人性化需求。此外，2019年11月，葛巷社区作为仓前街道的城市社区之一，成功通过省级文明指数测评。社区两委班子反复自查自纠各项文明指标的不足之处，多次利用下班后、双休日组织班子成员进小区，现场督查、探讨改进方案。

同时，在辖区内的每一个显眼位置，第一时间张贴"公筷"、疫情防控、核心价值观、居民公告、防金融诈骗、防邪教、反毒品等内容的宣传海报，将点滴宣传落实到位，实现润物细无声的良好社会效应。

（二）强抓特色文明挖掘

在杭州数字化改革的大背景下，葛巷社区结合上级政府的工作部署，于2019年秋季正式开始创建首个省级"未来社区"样板。经过街道、阿里巴巴、社区的多方协商后，社区以仓溢东苑小区为样本开展本次创建工作。围绕"数智化""便民化"等关键词，通过全域安全、透明治理、生活服务3大类共31项功能对仓溢东苑小区进行智慧化改造，实现治理和服务能力的提升。借助此次契机，葛巷社区通过"时间银行"、菜鸟驿站、重点人群AI分析、智能门锁等子项目，借助数字化平台，助推社区精神文明、硬件文明的提升。

"未来社区"建设于2020年全面运行。下一步，葛巷社区将不断优化支付宝小程序上仓溢东苑小区的管理模块，在"动态清零"防疫长期化、常态化的基础上，实现民生服务线上化、简便化、零接触，降低风险，提高效率。

（三）稳抓阵地载体建设

2019年12月，葛巷社区文化家园（非遗文化馆）在街道、社区、施工方、监理方、仓溢东苑物业各方的协同下成功建成，为社区新老居民进一步融合提供了良好的硬件环境，便于千年葛巷生生不息的非遗文化被铭记、被传承，也便于新居民了解第二故乡的"前世今生"。葛巷社区文化家园建设实现了两个突破：一是设计内容上的突破。该场馆运用了现代化的手段将非遗文化完美地呈现出来，设计了免费体验的环节，为新老仓前人了解和回顾仓前文化提供了良好的硬件设施。二是在家风文化呈现方式上的突破。为了充分体现社区居民一家亲的美好

葛巷社区与共建单位结对签约仪式　　　　接受家风洗礼，感悟清廉之风

景象，该馆打破了常规的单户家庭上墙模式，花大力气拍摄巨幅全家福（拍摄人员为1400人左右），取名《"亲民尚和"图》，张挂在文化家园（非遗文化馆）内。

与此同时，社区不断加强志愿者队伍建设以及各类兴趣小组建设，如拳灯队的精细化建设（技艺接班人的物色和培养）、舞蹈队的管理、太极拳队的发扬、乒乓球兴趣小组的创建等，以品牌化的标准规范文体队伍，培养专、精一体的基层文体队伍，更好地服务基层群众的文娱生活，提高他们的生活情趣与情操。

同时注重社区居民志愿者队伍的建设和骨干力量的培养，借助未来社区项目，实现志愿者管理线上化，并精细化志愿服务回馈机制，实现"我为人人　人人为我"的良好氛围，用各色各样的活动提升居民的获得感与幸福感。

（四）牢抓日常治理促"合"

社区建成以来，两委班子本着广泛促"合"的理念，反复思考治理手段。社区始终积极提炼基层党建治理理念，打磨"五扇门"党建品牌上墙内容，提升服务内涵，并不断挖掘基层服务的广度、深度与契合度，让服务更接地气、更合民意，进一步助力社区实现撤村建居后新老居民的深度融合。现阶段，社区将五治融合的管理理念摆在治理的重要位置，在确保民生的基础上，广泛应用现代化手段，实现治理"云"集合。

同时，社区积极开展各类文化服务活动，如文化走亲、相约周末、送戏下乡、技能比武、民俗活动等，加强与居民的联系，紧抓百姓所需，用实际行动促进广泛融合，拉近社区与居民之间的距离，培养居民与居民之间的亲密感。

仓前街道葛巷社区积极组织"民星来了"才艺大赛活动

第四节 葛巷社区工作新规划

2021年，随着换届工作的圆满落幕，葛巷社区进入新的发展阶段。新征程，新规划，社区三套班子重新整合，重新出发，立足民主主线，深化大党建、大治理、大服务，发挥地利优势，做强特色，做出精品。

（一）大刀阔斧，写好党建主导文章

组织架构。因社区各个支部人员数量超额，考虑各支部人数的均等性，葛巷社区重新调整网格支部划分，设立5个网格7个支部。优化队伍。继续锻造有突出服务能力和无私服务精神的全能型社工队伍，着力注重培养居民代表、议事会成员、党群志愿者、楼道长、业委会等骨干力量，提升民主协商议事能力，浓郁社区民主氛围。深化党建品牌。从社区"一条红巷建立五扇门，一个社区融入五颗心"党建品牌着手，开展仓溢东苑小区"红巷百灵"统合型党组织精品化建设，完成其余3个小区综合性党组织的组建工作，提升党建引领的社区治理水平，使小区党组织成为社区基层党建的最强力量。

（二）相映成趣，写好治理结合文章

未来社区。未来社区平台再升级，增强居民体验感，提升治理能力，更好地服务党员群众，促进社区、物业、党员、群众互利互惠、共建共享，实现"数字赋能、基层治理"的美好场景。垃圾分类。完善垃圾分类管理机制，巩固提升各小区的垃圾分类治理水平，推动绿色

葛巷社区分支部开展廉政党课

发展，促进人与自然和谐共生。平安创建。以"三源治理"助力平安建设，依托未来社区平台，深化维稳联户的责任机制，多元化解矛盾纠纷，解决百姓的烦心事。

（三）万众一心，写好服务融合文章

建设服务队伍。着力完成万通时尚公馆小区业委会的选举工作，做好社工队伍的人员分工，让擅长之人做擅长之事，打造最强社工服务队伍。深化服务品牌。继续做好"党建引领社区治理工作 优化社区服务供给行动"试点，提炼、固化成熟的活动类目，因地制宜地创新社区活动形式和内容，营造良好的精神文明新风尚。开展精准服务。多途径、多形式丰富居民的文化体育娱乐生活，提升养老设施，运用各个服务阵地，积极推进社区服务体系建设，健全多层次社会保障体系（社保、医疗、就业等），增强社区居民的获得感、幸福感、安全感。

新班子新面貌，葛巷社区坚持只争朝夕不负韶华、披星戴月勤政为民的理念，乘风破浪、扬帆起航，有信心、有能力为葛巷的明天继续努力。

第五节　守好阵地、担当作为

葛巷社区有2个商业小区、1个农居点，常住人口约两万人。防疫工作开展以来，累计集中隔离21人，居家隔离354户761人；电联房东平均1.5次/人；线上召开社区、物业联席会议10余次。

（一）葛巷社区防疫的主要做法

1. **战时状态，"一小时"令行禁止**。应对政策变动，以最快速度响应上级要求，基本实现一小时内从社区干部、小区物业到志愿者的信息互通。

2. **闭合管理，"一制度"实现多项功能**。在各级重点数据下发的基础上，各小区开展地毯式排查，推行健康码复核制度，实现"排查、管控"的有效闭合式管理。

3. **现场办公，"一阵地"全方位接待**。社区将新进人员登记点安置在各个小区门口，每个点由街道组织联村干部、社区干部定点包干。

4. **有序开放，"一团队"分类处置**。随着疫情的发展适时调整管控标准，推出租客预约制，推广"杭州健康码"，确保小区人员进出顺畅。

5. **启用热线，"一线通"化解矛盾**。第一时间启动咨询热线，为居民答疑解惑，把矛盾吸附在最一线，将问题解决在最前线。

（二）葛巷社区防疫的特色做法

1. **贴心管家，破抗疫暖心之难**。针对隔离户，社区建立"生活物资联络群"，并提供送货上门服务。元宵节社区还给每户居家隔离户赠送了汤圆，"空间隔离但不隔离爱"。

2. **群防群治，破人员复杂之难**。面对辖区人口异常复杂的困境，社区采用"家家出力制"及"房东责任制"，实现对流动人口的管控。同时在各卡点采用"一查二测三问四提醒五登记"的工作法24小时执勤防控。

3. **科技防控，破人力有限之难**。社区引入"疫情防控机器人"，实现电话自动拨打、智能语音询问及自主记录，提高排摸效率。同时引入"电子封条"，实现居家隔离24小时实时管控；小区门口安装智能化消毒设施，为进出人员进行消毒。

（三）葛巷社区防疫的问题症结

1. **井喷式人员"返流"，管控力量欠缺**。社区居民的流动量较大，特别是节假日往往有四五千人的流动量，但志愿力量明显不足，志愿者数量不能满足服务需求的矛盾日益突出。

2. **群租现象普遍，隔离空间面临短缺**。社区出租房中群租房占比超六成，受租客返程时间、房间设施等因素影响，确保返程租客及时、妥善进行隔离存在"心有余而力不足"的尴尬局面。

3. **沿街商铺复工，社区监督压力增加**。社区内有沿街商铺近百家，经审批复工后，社区属地管理压力增加，如何横向到边、纵向到底地进行管理需要进一步协调力量。

（四）葛巷社区防疫的工作谋划

1. **一码畅通，走访压实**。全力推行杭州健康码，在双保险基础上，为了应对小区人口高频度流动的现状，社区逐幢逐户上门对所有小区内人员进行复核，通过这个环节，确保该管必管、排查应管、全面共管。

2. **分类管理，服务做实**。清存量，对已经居家隔离的确保服务到位，社区24小时在岗在位；稳增量，对新增居家隔离户要避免麻痹心理，确保所有程序落实到位；对房东不在社区内的，社区主动承担相关服务职能。

3. **精准施策，责任夯实**。分回迁小区、商住小区、酒店式公寓等不同形态开展因地制宜的管理。例如：针对仓溢东苑小区，进一步发挥楼道长、房东等本地居民的作用；商住小区将进一步发挥物业、功能性党支部、业委会的作用；酒店式公寓聘用人员三班倒进行监督。

4. **舆论引导，氛围抓实**。前期的防疫宣传已经深入人心，最后一公里的打通，以及"有情有义有爱"社区的构建需要居民转变观念。社区运用微信、短信等平台将政策变动信息及时传递给居民，并继续全天候在线接听来电咨询，耐心讲解，内紧外松，营造良好氛围。

5. **商铺管理，责任担实**。面对辖区商铺的开张，社区主动承担属地责任，对场地、人员管理到位，将政策宣传到位，将问题搜集分类处置到位。

1　2

3　4

5

1. 葛巷社区开展党章、党规、党纪知识测试
2. 红色参观暖党心，回忆过往促情怀
3. 社区党委书记上党课
4. 仓溢东苑楼道长选举现场
5. 葛巷社区开展防灾减灾宣传活动

"我们的村晚"特别演出

第四章　传统佳节活动纷呈

　　葛巷社区在做好管理、服务工作的同时也不忘丰富社区居民的日常生活，特别是在岁时佳节这些传统又不失隆重的日子里，社区开展了一系列活动增添节日的欢乐气氛。

　　社区在元宵节、清明节、端午节、重阳节、腊八节等我国传统节日里组织相应的活动，通过做元宵、送腊八粥等活动浓厚节日气息，同时为社区居民和服务人员送上节日的问候。社区还在植树节组织大家植树以增强环保意识，在儿童节组织活动关爱社区未成年人成长，在母亲节组织活动为母亲们送上祝福，并在2020年举办"我们的村晚"晚会，在表彰社区先进的同时增强社区的凝聚力。

第一节　我们的村晚

2019年，在仓前街道的高度重视下，在社区党委的正确引领下，葛巷社区顺利完成年度各项工作，为社区广大居民提供了更好的服务。这些成绩的取得，除了全体社区工作者之外，离不开辖区内的共建单位和全体居民对社区工作的支持。2020年1月5日晚上，葛巷社区隆重举行"我们的村晚"暨2019年度各类表彰颁奖典礼。

（一）年度表彰典礼

1. **新年恭贺新春，祝福恭贺新岁**。自2018年底撤村建居以来，葛巷社区党委一直以高度的责任心，尽力打造居民融合一家亲的局面。一年多来，社区工作的顺利开展离不开广大党员同志、广大居民朋友的关心和支持，因此，在辞旧迎新之际，葛巷社区党委书记骆国华代表全体社区工作人员向所有关心、支持社区工作的人道一声感谢，并以最真诚的情感恭祝大家万事如意、阖家幸福。

2. **表彰学习之星，掀起学习热潮**。自"学习强国"手机App上线以来，葛巷社区党委迅速成立学习小组，分为党员学习组和群众学习组。大家纷纷通过"学习强国"手机App随时随地学，掀起了一股学习热潮，实现了从"要我学"到"我要学"学习态度的转变。年度活动对5名"学习强国之星"党员代表和5名"学习强国之星"群众代表进行表彰，激励广大居民持续学习、学有收获、学以致用。

3. **倡导垃圾分类，凝聚文明新尚**。2019年夏，葛巷社区拉开了"垃圾分类"60天攻坚战行动。为了进一步树立文明生活的理念，社区

"我们的村晚"现场

带动辖区全体居民参与到高质量垃圾分类行动之中，小区周边的商户成为党员的"责任田"，实行分组包干、分片包干。社区动员家家户户以自己的小行动带动全民大氛围，迅速开展垃圾分类行动，取得了令人满意的成效。在垃圾分类行动中涌现出一大批优秀人物，年度活动对6位"垃圾分类"最美物业人、4家"垃圾分类"示范商户、30户"垃圾分类"示范户进行表彰。

（二）展望新年2020

葛巷社区撤村建居一年多来，全体工作人员团结一致、众志成城，努力围绕"一条红巷建立五扇门，一个社区融入五颗心"这一党建品牌，打造拆迁混居小区城市基层党建治理样板。借"我们的村晚"之机，社区工作人员表演了朗诵节目——《展望2020》，细数一年工作，解读来年计划，声情并茂的表演，赢得了台下的阵阵掌声。新的一年，葛巷社区将继续围绕"不忘初心、牢记使命"这一主旋律，脚踏实地开展各项工作，进一步拉近与居民的距离，为构建和谐社区奠定坚实的基础。

此外，在表彰会上还表演了葛巷非遗节目《拳灯》、舞蹈《同心共筑中国梦》、女声独唱《一曲相送》、民俗舞蹈《灵羊戏灯》、串烧表演等精彩节目，赢得了现场观众的阵阵掌声。

"我们的村晚"承载了葛巷社区居民最真实的生活和最朴实的愿望。

第二节　闹元宵

正月十五日是一年中第一个月圆之夜，人们在这一天互相祝福，同时庆贺新春的延续。2021年2月26日，葛巷社区举办了"童心向党·闹元宵，社区关怀·助团圆"系列活动，吸引了五十余位居民参加。

葛巷社区的工作人员、网格员和志愿者们分组带领孩子们制作花灯。大家给萌娃们耐心讲解制作步骤，鼓励孩子们共同探讨、相互帮助，发挥各自的聪明才智，在随同家长的一起参与下，一个个花灯陆续在萌娃的手中诞生了。孩子们的小脸上溢满快乐和自豪，提着花灯在会

做元宵

场争相展示。

做完花灯后，大家又围在一起制作彩虹汤圆，在手工DIY活动后，社区还组织小朋友们将自己制作的彩虹汤圆分享给小区的保洁阿姨、保安和空巢老人们，感谢他们一直以来对葛巷社区的默默付出和支持，正是有了他们，社区才会越来越美丽。这一举动培养了小朋友们的爱心，获得了居民们的一致好评。

在其乐融融的氛围里，孩子们既体验了节日习俗，了解了中国传统文化，还体会到了动手的乐趣；家长们不仅增进了与自己孩子的默契度，也得到了一个与街坊邻居交流的机会，真正实现了"小汤圆、大温情"。整个"童心向党·闹元宵"活动通过寓教于乐的方式，让即将开学的孩子们度过了一个有意义的元宵节。

在"社区关怀·助团圆"活动中，社区工作人员和志愿者带着彩虹汤圆来到社区老人们的家中，与他们进行亲切交流，详细了解他们的生活难处，叮嘱他们多保重身体，如果遇到困难可以及时找社区反映，社区会尽力帮助他们解决困难，鼓励他们保持积极乐观的生活态度。在大家互帮互助的共同努力下，和谐幸福的社区家园正在建成。

小小汤圆承载的是党和政府对社区居民的一份关爱，暖心慰问是进一步倾听民众心声、掌握群众需求、拉近彼此距离的一座桥梁。暖心活动是短暂的，但是亲切问候、深深的祝福会一直持续推进下去。葛巷社区将始终坚持为民服务的宗旨，确保社区惠民良策更好地发挥作用，让每一位辖区居民真切感受到社区大家庭的温暖和关怀。

开开心心闹元宵

社区关怀送元宵

第三节　植树节

绿水青山就是金山银山。2021年3月12日下午，葛巷社区联合辖区共建单位开展"党建共建为党旗添彩　植树领养为社区增绿"植树活动，社工、共建单位代表、物业、党员志愿者、居民代表、楼道长等三十余人参加了此次活动。

在植树现场，处处都呈现出一派热火朝天的忙碌景象。大家分工合作，干劲十足，一同挖坑、搬苗、填土、浇水，合力栽下了象征着美好寓意的友谊树苗，并由各单位进行领养。

此次活动，大家充分发扬了团结、互助、友爱的精神，心往一处想，劲往一处使，汗往一处流，用辛勤的汗水播撒出一片绿意，共建美好家园。

植树节活动现场

大家一起来种树

第四节 清明节

2021年清明节，葛巷社区为重温清明习俗、和谐邻里关系，开展了"做青团 忆清明"活动。

在社区老年食堂，志愿者们揉面团、切咸菜、剥春笋、拌馅料……每个人根据分工有条不紊地进行着，现场其乐融融。参加活动的居民们纷纷表示，现在大家的生活节奏都很快，青团多数都是直接购买的，已经很久没有这样大家在一起做青团、聊清明的感觉了，好像回到了小时候。

本次"做青团 忆清明"活动结束后，社区工作人员还将做好的青团分送给社区内的百岁老人们。

大家一起做青团

　　葛巷社区本着进一步增进邻里情感，重拾传统青团的制作手艺，一起品味民族传统的目的，组织策划了本次活动，大家自然快乐地融入社区活动，增进了邻里之间的感情。同时，这次活动也进一步继承了中华传统文化，让居民们感受到社区大家庭的温暖，让优秀传统文化流传下去。

清明节活动现场

第五节　母亲节

（一）关爱计生家庭，关爱妇女姐妹

芬芳的五月，迎来了一年一度的母亲节。为了营造浓厚的节日氛围，2020年5月9日下午，葛巷社区计生协联合妇联等单位在葛巷社区居民驿站，开展了以"关爱计生家庭，关爱妇女姐妹"为主题的活动，活动邀请了葛巷社区计生困难家庭代表、社区巾帼志愿者代表、妇女群众代表、文艺骨干等二十余人参加了本次活动。

活动内容分为两大环节。一是开展计生政策宣传和反家暴培训。葛巷社区妇联主席陈珂芳为在场的姐妹们普及反家暴知识和计生知识。二是互动交流。各家庭代表、妇女姐妹之间互动交流，聊聊家里事，谈谈对社区建设的想法。

最后，在场的每一个人都对自己的母亲说了一句自己的心里话并写在卡片里，为母亲送上美好的祝愿。

（二）快乐烘焙活动

2020年5月10日母亲节，葛巷社区联合妇联等单位在新建成的社区居民驿站开展快乐烘焙活动。

活动的主题是亲子制作饼干、蛋糕和蛋挞，在场的有烘焙达人，也有烘焙小白，大家纷纷上场切磋技艺，黄油、鸡蛋、蛋挞皮逐一亮相，现场气氛十分愉悦，活动在欢快的笑声中完美落幕。虽然此次活动没有

快乐烘焙活动

烘焙大师的技艺，也没有专业人士的指导，但是得到了大家的一致好评，大家在活动中都寻找到了从未有过的烘焙乐趣，感受到社区对困难家庭、妇女姐妹的关爱。

活动结束后，大家带上亲手制作的曲奇饼干、蛋糕和蛋挞，回家与母亲、家人分享成果。

"母亲节"活动告诉大家在不忘母爱的同时也要爱自己、爱家人，愿天下儿女不忘回报母爱，延续中华民族的传统美德。

第六节　六一儿童节

儿童是祖国的未来、民族的希望，为让社区的少年儿童度过一个健康快乐有意义的节日，在2020年六一儿童节来临之际，葛巷社区根据杭州市有关通知精神及《仓前街道垃圾分类优化整治专项行动任务》，组织社区内的儿童及家长开展以"亲近快乐童年，垃圾分类我为先"为主题的游园会系列活动。

5月31日，共有四十余名孩子参加了本次活动。整场活动在互动欢乐的垃圾分类小课堂中拉开序幕，孩子们有序排队打卡袋鼠跳、射箭、套圈、投球等小游戏，并和家长协作制作沙画和气球。通过有奖知识

关爱社区少年

竞赛，让孩子们从小就对垃圾分类和一些废物的处理方法有了初步的了解，而打卡互动的游园会则让孩子和家长共同感受到爱护环境的重要性，特别是对垃圾分类有了一个正确的、感性的认识，丰富了孩子们的校外精神文化生活，也进一步促进了亲子沟通和家庭和谐。

精美的奖品礼物、漂亮的活动场地及童趣的流程设计，让孩子和家长们充分感受到社区的关心与关爱。

孩子们不仅度过了一个愉快的节日，充满挑战和趣味的活动项目还让孩子们展示了自己的才华，受到了良好的教育，有助于培养孩子们热爱生活、爱护环境的意识，也为今后深入开展社区垃圾分类工作带来较好的促进作用。

欢度六一节

第七节　端午节

　　在传统文化节日端午节来临之际，为更好地发掘、传承和创新端午节的文化内涵，2021年6月10日下午，葛巷社区开展"党风抚民心　粽情享民俗"暨庆祝葛巷社区文化家园（非遗文化馆）开馆一周年活动，让社区居民近距离体验有"文化味儿"的传统节日。

　　进入活动现场，第一眼看到的就是陈列着的从社区青少年中征集的端午龙舟绘画作品。活动首先由社区党委书记骆国华致词，并与葛巷拳灯非遗传承人共同揭开红盖头，发布文化家园开馆一周年的文创纪念产品"拳灯泥人"，随后进行拳灯表演，现场掌声不断。活动中还穿插了党史知识、防范诈骗问答等互动游戏，不仅增加了台上台下的互动性，更增强了本次活动的教育意义。

端午节活动

热热闹闹过端午

社区为居民送上端午礼品

第八节　重阳节

（一）欣望葛巷古稀寿　欢颂祖国万年青

丹桂飘香，重阳来到。2019年10月6日下午，葛巷社区在社区家宴中心举办了"欣望葛巷古稀寿　欢颂祖国万年青"重阳节活动，社区的四百多位老人参加了庆祝活动。

活动在社区主任邵狄勇的祝贺词中拉开了帷幕。首先，主持人邀请1949年出生的6位老人上台，为老人们送上了美丽的鲜花以表祝贺，希

重阳节活动现场

重阳节为老人们送上一份祝福

望他们长命百岁。接着，一个三层的大蛋糕徐徐被推进会场，全场欢唱生日歌曲，6位老人共同吹灭蜡烛，切开蛋糕分发给大家，大家以茶代酒相互致敬，祝愿老人们平安幸福。最后一个环节是节目表演，7个精彩的节目均由社区居民自发选送，精彩的表演赢得了台下老人们的阵阵掌声，特别是一曲《十八相送》将老人们的兴致拉到了最高点。

整场活动内容丰富、情志高昂、氛围庄重、气氛热烈，让社区的老人们深切感受到了社会经济发展带来的安详幸福！

（二）金秋送爽　福满重阳

岁岁重阳，今又重阳。为弘扬中华民族尊老、爱老、敬老的传统美德，营造关爱老人的良好社会氛围，丰富老人们的文化生活，2020年11月22日—23日，葛巷社区开展"金秋送爽　福满重阳"送戏进社区及重阳桌宴活动。

活动为期两天，葛巷社区精心选取了老人们耳熟能详的《兰香阁》《追鱼·双包》《双玉蝉》等越剧名段，悠扬婉转的琴声，演员们唱腔地道、声音婉转，认真投入、细腻传神的表演让老人们看得目不转睛，不时发出阵阵掌声。

这次活动不仅让老年人在家门口享受到一场丰富的文艺盛宴，还让老年人在家门口大饱口福。葛巷社区联合东苑物业、易优公益等单位，设立重阳桌宴，朴实的食物让老人回忆过往，精巧的礼物让老人倍感温暖。葛巷社区营造"尊老、敬老、爱老、助老"的社会和谐氛围，切实增强了老年人的获得感和幸福感，提高了老年人的家园意识，鼓励老年人为社区建设贡献余热，为创建和谐幸福社区提供强有力的保障。

第九节　腊八节

（一）浓情蜜意腊八粥　喜上加喜盼新年

又是一年的腊八节，老一辈说腊八节要喝一碗腊八粥，喝腊八粥，其实就是让五谷杂粮也聚个会，大家都奔波、忙乎了一年，天南海北、东来西往，平日里打不了照面，现在聚在一起，借此可以好好唠唠嗑，寓意阖家团圆，因此腊八粥也是新年给大家的第一份甜头。

2020年腊八当天，葛巷社区联合老龄委、易优公益等共建单位，在小区内、居家养老服务中心等地开展了腊八粥发放活动。

接过热气腾腾的腊八粥，有的居民已经迫不及待开始品尝这份暖意十足的美食，还不断赞扬道："嗯，味道不错，比我们自己家里煮的好吃多了！"分发现场其乐融融，充满欢声笑语。

此外，社区工作人员还把腊八粥送到了辖区90岁以上的老人家中，为老人们送去了节日的祝福，并与老人们一起聊聊家常，让老人们不出门就能感受这浓浓的节日气息。社区工作人员同老人们亲切交谈，详细询问了老人们的身体情况，叮嘱他们天气寒冷，一定要注意保暖、照顾好自己。

一碗小小的腊八粥，不仅弘扬了传统民俗文化，促进了社区和谐，更增进了居民之间的邻里情，让他们感受到和谐大家庭的温暖。

腊八节赠腊八粥

（二）浓情腊八节　温暖邻里情

2021年1月20日上午，葛巷社区又举行了"浓情腊八节，温暖邻里情"活动，共送出腊八粥百余份，表达了社区大家庭的关爱之情，同时拉近了居民邻里关系，"以民为本，情暖千万家"的社区理念得到践行，让中华民族敬老爱老的传统美德得到发扬光大。

社区合唱团表演现场

第五章　葛巷家园特色活动

　　为丰富社区居民的业余文化生活，促进社区和谐建设，葛巷社区开展了一系列的特色活动，增强了大家的感情，促进邻里之间友好和谐相处。

　　通过社区合唱团、和睦文化节、葛巷绿动·Plogging、全民活力运动会、"活力葛巷@未来"毅行活动、七夕交友趴、庆祝建党书画活动、小事儿便民服务、好家风家训讲座、制定社区《居民公约》、健康宣传周等活动让社区居民的文化生活更加丰富多彩，为进一步提升居民的生活品质助力。

第一节　社区合唱团

（一）红巷合唱团：同唱一首歌

为丰富社区居民的业余文化生活，促进社区和谐建设，2021年5月11日晚，葛巷社区组织辖区内的唱歌爱好者，组建了红巷合唱团，将居民们邀请到一起，同唱一首歌。红巷合唱团旨在为居民搭建一个平台，有助于大家加强沟通、增强了解、联络感情，促进邻里间的友好和谐相处。

辖区内五十余名歌唱爱好者参加了合唱团，社区邀请学校的音乐老师带着电钢琴来给学员们进行专业培训，每周二的18：30—20：30，大家准时进行学习和练习。老师结合自身的经验，用通俗易懂的语言，深入浅出地讲解合唱的技巧，指导大家如何通过吸气、呼气练习声乐基本功，简单掌握歌声练习中的呼吸控制方法。通过逐一发音、试唱以及单个音的发声练习，学员们在老师的指导下，认真学习，积极练习，从最初的不敢开口、偶有跑调，到越来越自信、越来越流利，演唱也越来越出色。

参加活动的居民高兴地说："这样的活动让我们感到非常亲切，不但丰富了大家的文化生活，还融洽了邻里之间的感情和关系。"同唱一首歌，让居民们有了更多沟通与认识的机会，大家在愉快热闹的气氛中感受到了邻里和睦、团结友善的重要，同唱一首歌，有助于大家更加热爱生活，共同营造温馨、和谐的大家园。

社区合唱团认真学习、练唱

（二）《葛巷之歌》唱响舞台

葛巷社区红巷合唱团自成立以来，社区想方设法为合唱团创造提升的机会，聘请了专业的声乐老师，为25位歌唱爱好者进行培训，使大家在乐理知识、唱歌技巧方面实现大的突破。

为庆祝新中国成立七十周年，仓前街道村社举办"歌声嘹亮颂祖国"比赛。葛巷社区25位合唱团成员克服工作、家庭生活的种种困难，经过十余次排练，在2019年9月12日晚上，终于将《我和我的祖国》《葛巷之歌》两首歌曲搬上了舞台。

紧张有序的比赛让大家兴致高昂，每一位合唱团成员都精神饱满，前10支队伍精彩表演后，红巷合唱团登台献唱。音乐响起，合唱团成员充分运用声乐老师教的歌唱技巧，放声高歌，"羊锅飘香拳灯舞艺龙舟争霸，名医俊贤传承文化美名扬"，美妙、悠扬的歌声回荡在整个会场，歌声仿佛把在座的观众带进了历史悠久的葛巷。最终，葛巷社区合唱团获得了第三名的好成绩。

本次活动的顺利开展，对合唱团成员来说是一次很好的锻炼机会，对葛巷社区来说也是极大的鼓励。葛巷社区负责人说，未来将鼓励居民组建各类文体团队，不断搭建平台和桥梁，促进各类文体团队的提升，为社区更加丰富多彩的文化生活增添动力。

第二节　和睦文化节

在庆祝新中国成立七十周年之际，为共建美好家园，葛巷社区联合合景天峻小区（宁峻物业）举办了"合梦同行　艺述邻里"和睦文化节。

2019年9月22日晚上，和睦文化节在宁峻物业负责人的致谢辞中拉开序幕，吸引小区居民五百余人参加。活动现场，有小区居民自编自演的小品节目，有国庆应景的红歌《地道战》主题曲，有欢乐热烈的歌舞节目，更有古典乐器的轮番上阵，笛子、二胡的吹拉弹唱将活动的气氛拉到了顶点。值得一提的是，宁峻物业部工作人员自发排练的礼仪秀，是物业服务能力与服务意愿的一次很好展示，让居民们深深感受到物业工作人员的职业，感到特别亲切。11个精彩的节目与抽奖互动活动有机融合，欢声笑语此起彼伏，活动得到在场居民的一致好评。

当晚，社区家宴中心像一片欢乐的海洋，在物业人员的精心安排、细心准备下，小区居民在品尝家宴的欢快气氛中迎接新中国成立七十周年。未来，葛巷社区将继续为物业和小区居民搭建桥梁，为居民与物业、居民与居民之间创造欢乐祥和的环境，让居民们能够更加了解物业、了解身边的邻居们。

和睦文化节现场

第三节　迎亚运·葛巷绿动·Plogging

（一）葛巷绿动·彩虹Plogging

2021年11月9日上午8点，葛巷社区联合共建单位杭师大仓前校区共同举办了"迎亚运·葛巷绿动·彩虹Plogging"捡跑活动。活动吸引了三十余位杭师大学生和葛巷辖区内的居民参加，大家用实际行动，宣传环保理念，携手打造绿色环保的葛巷生活圈。

"迎亚运·Plogging净区慢跑"活动

捡跑是源于瑞典的plogging，也就是pluck（捡拾）与jog（慢跑）的结合，形式为一边跑步一边捡拾路上的垃圾。通过跑步时经常下蹲（捡垃圾）和负重，在提升锻炼效果的同时，实现了对城市环境的保护，可以说集锻炼、公益于一身。

活动开始后，三十余人兵分三路开始了plogging之旅，在一个半小时的"旅程"中，他们不时停下来把散落在马路上、马路边的垃圾捡进袋子里。由于每捡一次垃圾，就相当于弯了一次腰，因此，Plogging比普通慢跑每小时要多消耗近百卡路里的热量。路线还未过半，很多人已经汗流浃背。

参加这次活动的不乏有经验的长跑爱好者，但是这样边捡垃圾边跑步的活动，很多队员表示还是第一次参加，大汗淋漓的背后更多的是健身与环保带来的别样乐趣。

当最终跑完全程，每个人提着自己捡的垃圾盘点时，总量还是让人震惊的。一位参加活动的队员说："自己亲自经历之后，才明白每个人不经意地丢一点点垃圾，就会造成堆积如山的环境压力，也会增加清洁工人的工作量，以后我再也不会乱扔垃圾了！"这正是环保捡跑带来的正能量。

葛巷社区以此行动为契机，坚持短期整治和长效管理相结合，进一步健全社区环境管理机制，着力破解建设阵痛期的管理难题，打造更加宜居的社区环境。

（二）迎亚运·Plogging

为响应"生活垃圾分类就是新时尚"的号召，营造生活垃圾分类全面实施、全民参与的氛围，促进居民养成生活垃圾分类的良好习惯，葛

Plogging活动现场

巷社区举办了"迎亚运·Plogging净区慢跑"活动。

"Plogging"是当下非常流行的一种运动，是集公益、健身于一体，让大众在保护生态环境的同时又能锻炼身体、增强体质。活动开始前，参与活动的居民有序签到，领取垃圾袋和拾物夹。待工作人员讲解完慢跑路线后，葛巷社区"迎亚运·Plogging净区慢跑"活动就正式开始了。活动中，居民们边运动边捡拾垃圾，一路欢声笑语，别有一番趣味。一位居民在捡拾垃圾的过程中有感而发："这一路过来最多的垃圾就是烟头了，可见烟民群体庞大，大家的环保意识也有待加强。"最后，大家拎着一袋袋垃圾安全返回，领取奖品，活动圆满结束。

"迎亚运·Plogging净区慢跑"活动不仅带动社区居民运动健身，更让大家深刻地体会到保护社区环境、倡导垃圾分类的重要性。万物皆有美，我们要细寻慢捡，葛巷社区的美，需要我们每一个人共同守护。

第四节　全民活力运动会

为传承中国传统文化，积极弘扬团结友爱精神，营造邻里乡亲、共治共享、文明和谐的社区氛围，2021年9月26日—28日，葛巷社区联合社区居民共同开展了"月圆中秋　情满华诞　趣溢葛巷"全民活力运动会。

运动会上，三百多位社区居民与社区物业等共建单位齐聚一堂，共叙邻里情深，同享运动欢乐。

全民活力运动会设有"气排球""乒乓球""袋鼠跳""摸石头过河""二人三足""丛林箭手"等趣味项目。活动现场，居民们拼力

全民活力运动会开始啦

全民活力运动会之乒乓球赛

全民活力运动会之二人三足、抛圈

全民活力运动会之袋鼠跳

角逐、全力以赴，呐喊声、加油声不绝于耳。其中，"二人三足""丛林箭手"等亲子项目活动中时时爆发出欢快的笑声，大人、孩子齐心协力，摩拳擦掌争夺第一，特别是孩子们难得和爸爸妈妈一起参加活动，一个个奋勇争先、努力拼搏，展示着更快、更高、更强的运动水平，颇有体育健儿的风范。

经过激烈的角逐，沈先生获得了"最佳个人奖"，姚同学家庭获得"最佳亲子奖"，葛巷社区气排球队获得了"最佳团队奖"。

在颁奖晚会上，社区党委副书记、社区党委委员和社区干部分别为获奖个人、团队颁奖。

全民活力运动会的成功举办，提升了葛巷社区的群众凝聚力，让大家感受到社区大家庭的温暖和谐。运动会为居民们提供了一个展现自我、团队协作的平台，通过精彩的活动，既强身健体，在运动过程中又加强了社区居民之间的沟通了解，也促进了社区居民的团结协作，增强了居民对社区的认同感。

第五节　"活力葛巷　爱达未来"毅行活动

为倡导健康文明的生活方式，推动全民健身与全民健康深度融合，引导社区居民亲自体验余杭绿道的建设成果，葛巷社区积极响应浙江省第二届"绿道健走大赛"及杭州毅行大会暨绿道毅行系列活动的号召，于2021年10月9日上午在余杭塘河滨水公园绿道举办了以"活力葛巷　爱达未来"为主题的毅行活动，辖区党员、群众等四十余人参加了此次活动。

"活力葛巷　爱达未来"毅行活动

社区居民同毅行

　　绿道毅行活动用徒步的运动方式引导居民体验了余杭塘河河边美丽的生态绿道，感受余杭独特韵味、别样精彩的城市休闲新空间。居民们热情参与，感受到了浓浓的亚运氛围，并且随手分享毅行的照片、视频与心得。居民们纷纷为余杭区的"全域美丽""靓城行动"点赞，为亚运热身。

　　走出健康，走出快乐，徒步毅行让大家亲自感受到余杭绿道的建设成果，感受到余杭绿道的生态魅力。这次毅行活动增强了社区居民"全民健身"的意识，促进了社区党群之间的交流。未来，社区将举办更多活动，让健康运动的理念深入人心，让大家爱上健康、爱上运动、爱上自己的美丽家园。

第六节　青年创客汇　七夕交友趴

自2018年撤村建居以来，葛巷社区始终围绕"一条红巷建立五扇门，一个社区融入五颗星"这一党建品牌开展城市社区基层党建工作。一年多的工作，社区取得了较好的成效。

在"五扇门"党建品牌建设过程中，"钱家门"作为服务体系的最后且压轴的存在，始终在助力社区各项工作中发挥着不容小觑的作用。特别是从2019年中旬"未来社区"项目的成功入驻，"钱家门"作为菜鸟驿站的落脚点，迎合菜鸟驿站客群的特点，作为汇聚创客、服务创客

青年创客汇　七夕交友趴

交友趴活动现场

的信息集散地，创立了"青年创客汇"子品牌，并在服务新居民、新租客上做进一步探索。

2019年8月25日，为了践行对青年创客的贴心服务，让他们安心在仓前热土上挥洒汗水，成就心中梦想，社区举办了一场七夕交友活动，为创客营造良好的居住氛围。活动共吸引了辖区内二十位年轻创客的到来，大家一起听音乐、玩桌游、品甜品、谈分享，气氛愉悦，氛围轻松，在共享美好时光的同时增进相互之间的认识，跨出工作单位，走进社区生活，结交更多的同龄好友，更好地融入第二故乡。

第七节　书画进社区

　　为了更好地迎接"七一"的到来，加强辖区内广大党员的党性教育，增强和提升居民对"七一"的认知，2019年6月28日上午，"书画进社区　初心促和谐"仓前街道庆祝建党98周年暨流动党员信息登记活动在葛巷社区举行，活动吸引了社区党员、流动党员三十余人参加。

书画进社区活动现场

挥毫泼墨庆建党

　　在书画院老师的指导下，在场的党员纷纷在绢白纸上写下了对党、对伟大祖国的真切祝福。随后，老师们也提笔写下了自己心中对祖国的寄语。活动场面热烈、隆重、祥和，既增强了社区党员的党性自觉，又进一步加深了流动党员的凝聚力。

第八节　服务是小事，奉献是大事

（一）小事儿便民服务

2019年6月23日下午，葛巷社区万通时尚公馆联合易优公益开展"小事儿便民服务，邻里共建和谐社区"主题活动。此次活动除了常规的免费磨剪刀、免费按摩、免费修理、防诈骗知识宣传等便民服务项目以外，还新增了免费眼镜修理清洁、免费手部保健等服务项目，几位社区热心居民主动报名参加了志愿者活动。

虽然天气炎热，但是志愿者们高昂的服务热情获得了社区居民的一致好评。居民王大伯竖起大拇指说："社区组织这些活动真好，让我们这些老年人的生活方便了不知道多少！"

小事儿便民服务的开展，为社区居民带来更加多元化的便民服务，凝聚了社区居民的心。

（二）小事便民进社区

2019年7月21日下午，葛巷社区、合景天峻小区物业联合易优公益开办了"小事便民进社区，惠民服务促和谐"主题活动。活动服务项目主要包括磨剪刀、眼镜维修清洗、家电维修、免费缝纫、免费理发、义诊、修自行车等。与以往不同的是，本次活动开展的时间正值一年中最热的时节，但高温天气丝毫没有影响志愿者们热情服务群众的积极性。志愿者们虽然大汗淋漓，但是始终尽心尽责。据统计，本次活动共磨刀

服务是小事，奉献是大事

具30余把、清洗眼镜10余副、缝纫裤边等9条、理发15位、测量血压
30余人……

　　活动得到了合景天峻小区及周边几个小区居民的一致好评，此类
活动的开展，大大提高了居民生活的便利性，增进了居民对社区服务的
认同。

　　葛巷社区将不断架起志愿者与居民之间的桥梁，将输出服务和输入服

务更好地结合起来，让志愿者为居民们提供更多元化的便民服务。

（三）小事便民融政策

做群众的贴心人，一直以来都是葛巷社区的工作宗旨。为了更好地方便居民百姓的生活，特别是中老年人的日常家居生活，葛巷社区始终坚持每月在辖区内开展小事儿便民服务。

2019年11月10日下午，葛巷社区11月小事儿便民服务活动在仓溢东苑中央广场顺利开展。活动现场，理发、磨剪刀、义诊、缝纫、简易修理、按摩等服务给小区居民带来了实打实的便利。活动一开始，就聚集了很高的人气，大家排起了很长的队伍，把家里的刀剪拿来磨一磨，把要改的裤边拿来改一改……热闹的场景和赶集没两样！

同时，葛巷社区结合近期工作的重点，将平安三率、统计法治、文明养犬、廉政建设等宣传内容带到了活动现场，工作人员悉心为聚集起来的居民朋友讲解相关内容，据不完全统计，本次活动共服务居民三百余人。

小事儿便民服务为政策的有效宣传提供了阵地和良机，也为文明和谐的社区建设营造了浓厚的氛围。

第九节　传承好家风

（一）学习好家风、传承好家风

为营造良好的家风，构建更加和谐美好的社区，近年来，葛巷社区一直围绕"传承好家风"主旋律开展工作。葛巷社区深入挖掘文体队伍骨干，开展各类文化服务活动，用文化服务活动来挖掘优秀的家风故事，来呈现优秀的家风事迹，来传播美好的家庭故事。社区在社区文化家园内布置"最美"系列故事案例，展示社区居民家庭代表的"巨幅全家福"，还特意取名《"亲民尚和"图》。社区希望通过挖掘和展现优秀的家风事迹，鼓励更多的居民向美向善，让居民们的家庭变得更加和美纯善。

2019年10月19日下午，葛巷社区妇联、老龄委联合开展"学习好家风、传承好家风"专题讲座，授课老师为大家讲了5个优秀家风故事，故事给大家带来"美"的享受。当天，社区还在党群服务中心大屏幕上播放了"仓前街道好家风事迹"宣传片。

整个活动旨在弘扬中华传统美德，传承中华家风家训，传递正能量，营造出"家风好、民风纯、党风正、政风清"的社区氛围。

（二）承家风修心，记家训治身，尚廉洁正气

家风家训是一个家庭的立家之本、幸福之源，是良好社会风气的重要基石。为积极营造人人懂家风、守家规、遵家训的良好氛围，2020

学习好家风活动现场

年8月20日，葛巷社区邀请杭州家庭服务指导中心负责人陶一萱老师做家风家训讲座。陶一萱以"承家风修心，记家训治身，尚廉洁正气"为主题，以父母站位、家庭环境等对孩子成长的影响等内容为核心，用最朴实的言语分享了自己的家风家规，通过教子之道、如何孝顺老人、邻里之间如何相处等多个案例互动，让大家领悟家庭教育、家风形成的重要性。

传承好家风

　　本次家风家训讲座旨在弘扬中华民族传统美德，感召居民群众重视家风家训、家庭美德建设，发挥家风家训的正向激励作用，倡导居民争做良好家风家训的践行者。

　　葛巷社区将继续整合各类资源，不断丰富家风家训的活动内涵，营造家家弘扬美德的良好风气。

第十节　社区居民公约

（一）社区居民公约启动仪式

为了进一步提高社区居民对居民公约的知晓率、认可度，丰富居民的文娱生活，2019年6月27日傍晚，葛巷社区联合EFC欧美金融城、公益社会组织等在仓溢东苑开展"葛巷社区居民公约启动仪式暨舞与伦比街舞大赛"，活动现场公示了《居民公约（讨论稿）》，广泛收集居民意见建议。

此外，社区各线工作人员还联合社会组织的相关工作人员开展了垃圾分类小游戏、文明积分行动、防诈骗宣传及志愿者招募等活动。热心的居民在登记册上填写了志愿者意向信息，为社区的文明活动加入了新鲜血液。

整场活动在社区党委书记骆国华的致辞中拉开帷幕，热烈火辣的街舞表演、充满水乡韵味的传统舞蹈、精彩活泼的互动环节给在场的居民带来了一场分外火热的视听盛宴。台下居民的阵阵掌声是台上演员们最期待的，更有社区居民主动登台参与演出。最后，活动在大家的掌声中圆满结束。

（二）《居民公约》细则表决大会

2019年7月12日下午，葛巷社区召开《居民公约》细则表决大会。社区全体工作人员、楼道长、居民代表、业委会成员及合景天峻、万通

《居民公约》启动仪式

时尚公馆、仓溢东苑的物业相关人员共44人参加会议，经举手表决全票通过《居民公约》细则。

会上，社区主任邵狄勇对当前工作做了简单布置，社区党委书记骆国华就近期工作的开展情况做了总结，并对垃圾分类工作做了强调和布置。他要求骨干力量坚持不懈做好骨干示范，发扬榜样精神，做先进事业的带头人，以"以身作则"的信念要求自己及身边人，营造良好的社会风气。

《居民公约》细则表决会

　　会后，社区联合易优公益开展了垃圾分类"益治入微"培训互动会。志愿者从垃圾分类的必要性、重要性等方面入手，为在场人员进一步做了分类技能的培训。活动现场还加入了垃圾分类互动环节，大家积极踊跃地参与其中。

第十一节　露天电影进小区

　　为加强社区文化建设，丰富辖区内广大居民的业余文化生活，提升社区文明指数，让周边的小区居民在家门口就能享受精彩的文化大餐，2020年7月24日晚上，葛巷社区户外电影观看活动在仓溢东苑中央广场正式拉开序幕。

　　本次观影活动是在仓前街道电影放映队、葛巷社区居委会、仓溢东苑物业多方协作下开展的。当晚共播放了两部精彩电影和部分科教片，《战士》《神龙策》等爱国主义主题电影在夜幕中轮番上映，为助力社区营造良好的廉政氛围、打造美好的社区精神文明环境做出很大贡献。

露天电影进小区

居民们积极观看露天电影

　　户外电影的播放吸引了小区内及周边小区的居民前来观看，成为夏日里一道独特的风景线。

　　仓溢东苑小区居民杨女士笑着说："看露天电影是我们这一辈人小时候最美好的记忆，重温露天电影，体会到的是一份怀念和感动，希望社区以后能多开展类似的活动，让我们可以在晚饭后有一个新的去处，有一份期盼。"

第十二节　健康宣传周

　　为方便居民不出小区就可以了解健康知识，提供健康知识面对面咨询的平台，葛巷社区计生协和妇联针对不同的人群举办不同的健康讲座，陆续在各小区开展"迎端午，送健康"健康宣传周系列讲座。2020年6月21日上午，健康宣传周系列讲座在万通时尚公馆里的仓前街道人大代表联络站拉开帷幕，共有五十余位居民参加。健康宣传周开设三场讲座，分别是0—3岁婴幼儿看护人培训讲座、"新冠知识"健康讲座、"冠心病"预防健康讲座。

葛巷社区健康知识讲座

（一）0—3岁婴幼儿看护人培训

为了帮助社区婴幼儿家长和看护人建立科学、正确的育儿观，普及婴幼儿早期教育知识，积极向育龄群众及外来流动人员普及生殖健康知识、新生儿养育和护理服务知识、母乳喂养和产后避孕等保健知识，2020年6月21日，社区特地邀请了仓前街道卫生服务中心的鲁医生、李医生为大家授课，授课内容主要围绕"0—3岁婴幼儿看护人培训"

健康宣传周的各种活动现场

和"小小斑块会酿成卒中大祸"两大块展开详细解说。讲座的内容非常吸引在座的居民，整个健康讲座持续了一个半小时，大家都听得十分认真。讲座结束后，居民们纷纷上前请教医生，咨询一些目前正遇到的婴幼儿健康保健和预防的知识。

（二）"新冠知识"健康讲座

2020年6月22日上午，葛巷社区在社区老年活动中心举办了"新冠知识"健康讲座，邀请了恩华医院的专家对疫情的防控、预防做了详细的解说。通过这次讲座，大伯大妈们明白了健康预防的重要性，对疫情防控的健康意识有了深入的了解。

（三）冠心病预防健康讲座

健康系列讲座的开展，向社区居民深入宣传普及了健康养护和科学预防知识，让社区居民受益匪浅。2020年6月24日上午，葛巷社区邀请恩华医院医生举办了一场冠心病预防健康讲座。通过讲座，居民们掌握了自我管理预防、自我早期发现和接受规范治疗冠心病的知识，有效地提高了社区居民的综合健康素养水平，也营造了健康、温暖、和谐的社区氛围。

第十三节 乒乓球友谊赛

没有全民健康，就没有全面小康。为提高辖区居民对"活力葛巷"的认同感及参与感，同时丰富辖区居民的业余文体生活，给大家提供一个交流和展示自身才艺的平台，2021年5月9日，葛巷社区在居家养老服务中心举办了以"亚运之城 活力葛巷 @未来"为主题的乒乓球友谊赛。

比赛根据男女分组，各组抽签确定对手后，采取单轮淘汰的方式进行。参赛选手们各显身手，掌声、笑声、喝彩声不断，比赛现场气氛热闹非常。队员们娴熟地挥舞着球拍，尽力发挥着自己最好的水平，给大

乒乓球友谊赛

激烈搏杀

友谊第一

家带来了一场场精彩纷呈的对决。经过激烈的角逐，男、女组的前三名选手脱颖而出，社区为他们颁发了奖品。

　　这次乒乓球友谊赛，既丰富了大家的精神文化生活，又提高了大家在日常生活中对运动健身的参与度和重视程度，在社区内营造了积极参与运动健身的良好氛围。

"老淘淘社区老年大学"走进余杭

第六章　葛巷社区"夕阳行动"

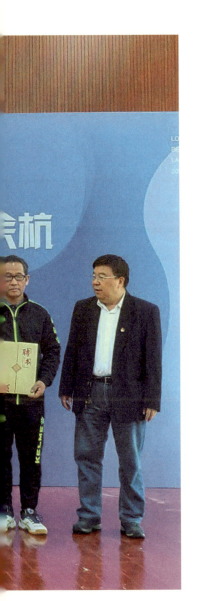

养老是一个社区永恒的主题，葛巷社区想辖区内老年人所想，推出了一系列"夕阳行动"。

葛巷社区组织的活动有老人集体生日会、居家养老阵地运营路演、老年人年度服务周活动、老年人秋季养生讲座等，同时借助老年大学这个平台，真正让老年人实现老有所养、老有所学、老有所乐、老有所为的"四有"境界。

第一节　老年大学

（一）老年大学开学仪式

为扩充葛巷社区老年大学的师资力量，提升老年大学的教学质量，提高居民的知晓率和参与度，2020年11月13日，葛巷社区特联合浙江老龄产业协会和老淘淘服务方，在葛巷社区文化家园二楼举行了老年大学开学式，"社区老年大学"走进余杭的公益活动在葛巷社区正式拉开帷幕。

活动现场，全国民政职业教育教学指导委员会老年服务与管理专业教学指导委员会委员、浙江省社会养老服务标准化技术委员会顾问詹传东教授，葛巷社区党委书记骆国华，浙江省老龄产业协会秘书长丰兴旺分别发表了讲话。

葛巷社区从2020年12月起，在线上线下向居民同步授课。线下是在社区居家养老服务中心和文化家园开办老年大学，线上则通过老淘淘小程序实现社区居民在线学习，葛巷社区老年大学课程做到了线上线下的全覆盖。

葛巷社区以城市基层党建引领基层社会治理创新，努力探索回迁安置小区现代化治理新模式。2020年以来，葛巷社区积极落实老龄人口的管理工作，站在服务社会、服务老年人、鼓励居民参与社区治理的高度，为老年人提供丰富多彩的养老服务，真正让老年人实现老有所养、老有所学、老有所乐、老有所为的"四有"境界。

老有所为

葛巷社区老年大学一切以老年学员为中心，不断在丰富课程内容、贴近老年人需要、弘扬文化养老三个方面下功夫，努力拓展老年教育阵地和方式，目标是建成让老年人满意的大学。葛巷社区积极开展各类适合老年人的活动，同时将本社区的文化艺术团队骨干、社区专业技能突出的老年人召集起来，鼓励他们发挥余热，在享受老年大学丰富生活的同时，也为社区老年人工作多做贡献，为社区老龄教育发展建言献策。

（二）老年大学教学成果汇报展

2020年12月29日，"追梦新时代，奋斗谱新篇"葛巷社区老年大学成果展暨跨年迎新会在文化家园家宴中心举行。街道办主任、社区党委工作人员、社会组织及结业班学员三百余人参加活动。

结业典礼上，仓前街道办事处公共服务办的黄主任向圆满完成学习任务的学员们表示热烈祝贺并致开幕词。

葛巷社区坚持以习近平新时代中国特色社会主义思想为指引，牢牢把握十九大提出的总体要求，以社区为基石，积极搭建正能量平台，开设老年大学系列课程，着力发挥社区有才艺老人的独特优势，以点及面，带动周围邻居一起增加才艺、活出乐趣，为社区群众的文化生活添

老年大学进余杭活动现场

老年大学学习成果汇报展

加正能量。葛巷社区老年大学始终坚持"老有所学，老有所教，老有所乐，老有所为"的办学方针，坚持与时俱进、改革创新的办学理念，坚持实事求是、艰苦奋斗的工作作风，得到了社区广大老年人的认可和赞同。

葛巷社区老年大学成果汇报展分为汇报演出、摄影成果展两个板块。

学员们自排自练二十余个节目，展示了唱歌、跳舞、器乐独奏等才艺，学员们神采飞扬、舞姿曼妙。整场汇报演出展现了老年大学学员们感恩党、歌颂新时代的精神风貌，展示了老年大学凝聚正能量的丰硕教育成效。摄影展上的一幅幅照片生动展示了仓前街道这十年来的巨大变化，或人物，或风景，学员们用镜头捕捉到无数个精彩的瞬间。大家用镜头记录了仓前的秀丽风光，记录了新时代的盛世美景，增强了自豪感和自信心。

本次成果汇报展集中展示了葛巷社区老年居民们热爱生活、健康向上的精神风貌，老年大学的课程同时也丰富着社区居民的文化生活。

第二节 老人集体生日会

（一）情暖夕阳 温情葛巷

2019年6月29日下午，葛巷社区居家养老服务中心不时传出欢声笑语——十余位社区70周岁以上的老人围坐在一起，唱生日歌、吹蜡烛、吃蛋糕、拉家常，这是葛巷社区6月份的老年人集体生日聚会现场。

老人们围坐在摆满瓜果的桌边，社区工作人员和居家养老服务中心的工作人员为老人们送上祝福和问候，老人们的脸上洋溢着幸福的微笑。

随后，志愿者们为寿星们戴上了生日帽，在大家的共同见证下，老人们起身吹熄了蜡烛，一同分享蛋糕。最后，老人们在志愿者的引导下，分享让自己难以忘怀的一些往事，这引起了许多老年人的共鸣和感触。"这么大岁数了，真没想到还能和那么多人一起过生日，感谢社区，感谢党啊！"有的老人激动地说。"第一次参加这么多人的集体生日会，像过年一样热闹啊，一起说说话，真好……"

百善孝为先，尊老敬老爱老是中华民族的传统美德。给老人们过集体生日，是展示社区尊老爱老优秀传统美德的重要方式之一。葛巷社区把老年人集体生日会当成一项常规性的活动，定期为老年人举办此类活动，并依托社区党群服务中心，为老人们搭建更多的沟通、娱乐平台，让老年人真正做到老有所乐。

老人集体生日会

（二）14位老人过集体生日

2019年9月28日下午1点，葛巷社区居家养老服务中心为社区内的老人们举办了生日会。14位老人到场参加了温馨的生日会活动，愉快地享用易优公益工作人员准备的零食瓜果。

杭州师范大学教育学院六心志愿者协会为老人们带来了丰富多彩的文艺演出。开场，志愿者们热情洋溢的新疆舞一下子就点燃了全场的

老有所乐

气氛，歌曲《至少还有你》《太平歌词》《大鱼》《魔法城堡》歌舞结合、美轮美奂，舞蹈《知否》柔美轻盈，多样的演出形式给老人们带来美的享受，让他们沉浸在欢快的演出氛围中。

　　表演结束后，全体老人共同享用了由易优公益工作人员精心制作的蛋挞和生日蛋糕，老人们纷纷夸赞中心工作人员制作的蛋糕精致美味，并齐唱生日歌。

　　志愿者们还组织老人们参与了娱乐与锻炼相结合的《小猫钓鱼》游戏，老人们热情高涨，积极参与其中，手眼并用完成游戏，露出了甜美的笑容。

　　最后，老人们与志愿者们合影留念，留下集体生日会的照片，永作纪念。

第三节　居家养老阵地运营路演

由于葛巷社区居家养老服务阵地运营单位合同即将到期，需公开招募新的社会组织承接运营，根据前期报名情况，2019年7月23日下午，葛巷社区全体工作人员分别听取3家居家养老社会组织的运营计划。

前期，3家社会组织对葛巷社区现行的居家养老服务机构运行情况做了走访了解，并根据自身特长，制定了运营计划。从老年食堂的运行、各类常规及特色活动的举办、老年力量助力中心重点工作、老年人健康医疗辅助等方面，3家单位分别对运营计划做出详细的阐述。

路演结束后，社区全体工作人员对3家单位的运营计划展开了激烈的讨论，分析3家单位各自的优势和不足，最终表决入选单位。

在此基础上，葛巷社区不断做好居家养老工作，让老年人服务跟上这个时代的发展，始终把更好、更优地服务社区老人作为一切行动的宗旨，因地制宜，发挥特色，努力把服务老年人工作打造成社区的一张金名片。

第四节　老年人年度服务周活动

为了更好地给社区70周岁以上老年人营造一个良好的养老环境，2019年12月16日—20日，葛巷社区在居家养老服务中心开展了本年度的服务周活动。根据社区与易优公益社会组织前期的工作安排，本次服务周的安排为：

周一，老年人茶话活动；

周二，与宁波银行联合开展老年人预防金融诈骗讲座；

周三，小事儿便民服务；

老年人年度服务周活动现场

老年人年度服务周活动现场

周四，老年人家居生活消防安全知识培训；

周五，制作冬至馃的民俗活动和"书画会友"活动。

本次活动周的顺利开展，给社区的老年人营造了浓厚的文化生活氛围，不少老年人笑言，这次制作冬至馃活动，让他们找到了以前几家人一起围坐在一起做冬至馃的回忆，温馨的感觉油然而生。现在大家的生活状态变了，身份也都从村民变为居民了，但是不少老人还在怀念过去的日子，所以社区不断努力为老一辈葛巷人寻找曾经的回忆，为他们创建一个充满情怀和温暖的友好环境。

第五节 老年人冬季养生讲座

秋冬季节是中老年人疾病的高发期，为了更好地为社区老年居民提供冬日养生知识，让他们度过一个平安的冬季，葛巷社区结合平安三率宣传工作，于2019年11月6日下午，联合浙大医学院在校学生，在社区二楼开展了老年人冬季保健知识讲座，讲座现场有七十余位居民参加。

讲座老师从冬季对人体的影响开启了整场讲座活动。随后讲座老师讲解了老年人该怎样从容过冬、冬季健康知识、冬季健康禁忌等内容。紧接着，老师还详细向在座老人讲述了冬日进补的诀窍，并带着老人们一同做手指操，让他们平安过冬。

讲座内容丰富多彩、简单易懂，有保健知识培训，也有适合老年人的精彩互动，受到老年朋友的好评。居民王大伯笑言："这样的讲座就应该多来我们社区，我们这些老年人可以更加科学地养生，听过之后我回去也能和我的朋友们宣传宣传了！"

除了冬季养生讲座，社区还针对老年人的基础病举办了多场讲座。

（一）糖尿病健康知识讲座

为增强身体素质，关爱老人健康，2019年9月10日下午，葛巷社区居家养老服务中心举办了一场老年健康知识讲座。

活动首先发放了老年人意外保险告知单，随后，社区卫生服务站黄芳医生为在场的老年人普及糖尿病健康知识。黄芳医生就糖尿病的病因、症状、并发症及预防方法等进行了详细的讲解，特别是让在座的老年人了解

糖尿病健康知识讲座现场

到怎样才能减少和预防糖尿病，强调了合理膳食、经常运动是减少糖尿病发病的主要措施。讲座后，黄医生还为各位老人测量了血压。

　　这次活动让大家更进一步了解到养成健康生活方式的重要性，让老年人学习了简单的身体保健技巧，让他们的晚年生活过得更加科学、健康和快乐，同时也对改善社区居民的健康生活理念，更好地构建和谐健康社区起到了积极作用。

（二）心血管健康讲座

心血管疾病是中老年人的一种多发性疾病，也是常见病。为了进一步加强社区老年人对心血管疾病的认识和重视，提高老年人预防心血管疾病的健康意识，提高社区居民的身体素质，2020年5月29日，葛巷社区邀请了恩华医院的医生，开设了老年人预防心血管疾病的健康知识讲座，让社区老人进一步增强自我保护意识。

老年人冬季养生讲座现场

第六节　重阳节

（一）建党百年　爱满重阳

为弘扬中华民族"尊老、敬老、爱老"的优秀文化和传统美德，2021年10月12日下午，葛巷社区与共建单位开展以"建党百年　爱满重阳"为主题的重阳节茶话会活动。

社区邀请了辖区内的三百余位老人齐聚一堂，共同庆祝重阳佳节。活动现场，社区党委副书记劳益民向社区的老年朋友们致以节日的问候，为他们对社区工作的支持表示感谢，号召所有社区工作人员学习老一辈身上坚韧不拔、一心为民的优秀品质。整场活动在开心愉快的氛围中圆满结束。

重阳节茶话会

欢聚一堂过重阳

（二）温暖重阳，关爱老人

金秋送爽，今又重阳。为了让辖区的老年朋友过一个有意义的节日，2021年10月11日下午，葛巷社区召开了"温暖重阳，关爱老人"座谈会。

三十多位老年代表齐聚一堂，在庆祝节日的同时，说说家庭邻里的故事，共话幸福社区建设情况。会上，葛巷社区党委副书记劳益民首先代表社区向在座的老人们致以节日美好的祝福，感谢老同志长期以来为社区建设所做的努力，并就2021年1—9月社区的各项工作情况进行了简要的汇报，希望老同志能继续余热生辉，闪光在葛巷。每位老人的脸上都洋溢着幸福、灿烂的微笑。下一步，社区将在街道的支持下，进一步做好老年人的服务工作，让辖区内的老人"老有所养、老有所乐、老有所依、老有所学"，安享幸福晚年生活。

葛巷社区入学礼——毛笔写"人"字

第七章 葛巷社区"青苗计划"

　　青少年是未来，是希望，葛巷社区积极推进各种"青苗计划"，为社区青少年的成长护航。

　　葛巷社区开展了入学礼和送学礼、消防安全主题教育、软笔书法培训、国画课和英语课、巧制乌米饭、小青苗晨跑团等活动，让社区青少年在活动中得到锻炼、得到成长，引导他们向真善美发展，真正成为对社会有用的"人"。

第一节 葛巷社区入学礼

（一）开书启智 明德成学——葛巷社区2019入学礼

开蒙礼与成人礼、婚礼、葬礼被视为人生的四大礼。古代儿童在四到八岁可入私塾读书，开始习字读书，即所谓的"开书""破学"或"破蒙"，类似于今天的儿童初等教育。而在入学前为见证这一人生重要时刻，古人会为孩子举行隆重的入学仪式，是为"开蒙礼"，根据《礼记》和《弟子规》而流传下来的开学仪式通常包括正衣冠、行拜师礼、净手净心、朱砂开智等步骤。

为了弘扬传统文化，鼓励社区孩子开启智慧学习之路，2019年8月28日下午2点，葛巷社区在章太炎故居举办"开书启智 明德成学"入学仪式。活动的主要环节有正衣冠、行拜师礼、净手净心、朱砂开智、毛笔书"人"字、诵读《千字文》、敬清茶、社区负责人送祝福等。

活动伊始，13个即将步入学校展开新生活的小朋友来到章太炎故居，在社区负责人和爸爸妈妈的帮助下，穿上了活动礼服，化身为小书生。仪式上，由家长代表祭拜孔子并送老师束脩之礼，礼为芹菜、莲子、红豆、红枣、桂圆、肉干。芹菜寓意勤奋好学，业精于勤；莲子心苦，寓意苦心教育；红豆寓意红运高照；红枣寓意早早高中；桂圆寓意功德圆满；干瘦肉条则表达弟子心意。后由老师回礼，回礼为芹菜、桂圆干、葱，分别寓意勤劳、开窍生智、聪明，表达了老师对孩子们日后学习之路的期盼。

开书启智 明德成学

随后，小朋友们在主持人的指导下，开始向先贤孔子和先生鞠躬行拜师礼，以示感谢老师日后的教导之情。小朋友们在准备好的脸盆中洗手，意喻净手净心去杂存精，希望其能在日后的学习中专心致志、心无旁骛，用辛勤的双手开启知识的大门。紧接着，先生用朱砂在孩子们的眉心点痣，"痣"谐音为"智"，取智之意，希望学生在日后的学习中能一点就通。进入学校后，不仅要学知识，更要学做人，于是老师教小朋友们用毛笔书写"人"字，希望孩子们能真正成为顶天立地的人。

孩子们诵读完启蒙书籍《千字文》片段后，便在主持人的带领下向各自的父母敬上清茶，传达感恩之情。之后，葛巷社区领导代表李娜对小朋友们传达了祝贺之意，并送上了开学礼包，希望小朋友们能在今后的学习生活中不断进步。

通过这种庄重的仪式，让即将步入小学的孩子们真正感受到入学是人生中的一件大事，是人生学习道路的起点，激励孩子们珍惜学习机会，勤奋努力，懂得学习的意义，明白做人的道理，萌发孩子们的感恩之心。同时，通过这种特别的方式弘扬我国优秀的传统文化，让大家感受礼仪之邦的魅力。

通过这项活动，葛巷社区希望即将步入一年级的小朋友们能够真正感受到入学的重要性，对老师及父母心存感恩之心，祝他们在学习之路上勇往直前、不断进步。

（二）2020年入学礼仪式

君子有云：学不可以已。青，取之于蓝，而青于蓝。随着升学季的到来，葛巷社区的小朋友们即将进入新的学习生活阶段，2020年8月22日晚上，社区入学礼活动在仓溢东苑中央广场顺利开展。

活动前期，社区通过线上招募，招募辖区内一年级适龄儿童二十余人，同时邀请辖区内乡贤宋老师作为导师带领孩子开展礼仪活动。宋老师为孩子们整衣冠、点朱砂，带领孩子诵读《弟子规》、行礼作揖等。"弟子规，圣人训"，铿锵有力的声音里我们听到了孩子们坚定的信念，活动也激励孩子们做一个有规有矩的有用之人，要有礼貌、尊老爱幼、守信用。

礼成后，宋老师代表社区祝愿辖区内所有的孩子们在新的学期里继续努力成长。新的学期，新的起点，社区希望孩子们在学校这片沃土上，在老师的精心培育下，如春天的小苗，迎着阳光茁壮成长。

第二节 葛巷社区送学礼

送学礼是什么？

清代地方志中所记载的官学"送学礼"，是中国历代典籍文献中较早记载的入学典礼。送学礼所体现的尊师重道、爱生崇礼的特性，颇值得今人关注。

首先，送学礼是中国古代礼重人才传统的集中体现。通过送学礼，继承和发扬尊重知识、尊重人才的观念，并向社会大众宣传普及，从而扭转社会风气，促进文教发展。

葛巷社区送学礼现场

其次，送学礼是中国古代尊师重教传统的集中体现。通过送学礼，学生们可以感受到传统的尊师精神与感恩意识，有利于树立良好的家风学风。

再次，送学礼体现了一种传统社会的公益精神和公益传统。这种传统精神理应在当代社会得到发扬光大，成为当代中国公益文化自信的固有基因。

为继承中国古代礼重人才的传统，展现学子尊师重道、社区爱生崇礼的文化特性，增强社区凝聚力，2019年8月27日下午，葛巷社区为17名2019年考上本科的学生举办了送学仪式。

此次送学仪式的主题为"不忘初心，成学成人"，活动主要流程是典礼介绍、谒庙礼拜孔子、"大学之道　明德劝学"、"领导祝辞　送四礼"、"传家训　敬清茶"。主持人介绍清代送学礼后，带领学生们向孔子像鞠躬叩拜并唱赞礼，紧接着学生齐读《大学》节选篇章。

葛巷社区的领导也高度重视此项活动，致祝辞并传达了对即将步入大学生活的学子们的祝贺与殷切希望。葛巷社区随后向学生们送上了包括《大学》读本在内的"四礼"，另三样为钢笔、笔记本、红鸡蛋。礼物虽小，却承载着葛巷社区对学子们的祝福与期盼，愿他们在未来的道路上不畏艰险、勇敢向前。送完"四礼"后，或是祝福，或是家训，家长们也在横幅上写下对孩子的殷切期望，孩子紧接着向各自的父母敬上清茶以感谢培育之恩。

送学礼的举办，不仅能让即将步入大学生活的葛巷学子们深深感受到社区对大家的重视与关爱，还能增强他们学习的动力，提升他们的社区归属感。

不忘初心，成学成人，愿所有即将展开新生活的葛巷学子们能牢记初心，在大学生活中学到真本领，找到真正的自己，成为一个"大写"之人。

即将踏上新征程的学子们

第三节　开启"青苗计划"

为了给辖区范围内8—12周岁的少年儿童营造一个健康、有序的假期环境，提升孩子们的能力素质，从2019年开始，葛巷社区正式启动"青苗计划"，竭力为社区少年儿童打造融教育性、实践性、趣味性、安全性于一体的社区少儿服务品牌。

（一）假日学校

社区经过班子成员讨论，特成立了葛巷社区假日学校工作小组，社区党委书记骆国华担任假日学校的校长。

2019年7月10日上午，葛巷社区"青苗计划"第一期夏令营活动——假日学校拉开序幕。开班仪式上，骆校长对参加本次暑期班的三十余名少年儿童做了开班动员讲话。随后，社区工作人员带领孩子们简单熟悉了社区办公大楼，既拉近了与孩子们的距离，也打破了社区的"神秘感"，有利于孩子们更好地遵从假日学校的规章制度。最后，大学生志愿者带领孩子们观看了爱国教育宣传片。

社区制定符合少儿心智的课程，不断跟进暑假班的教学质量和效果。此外，社区还考虑将课堂外移，在社会实践、户外参观等形式多样的课程中提高孩子们的素质和能力水平，让孩子们在玩中学、在学中玩。

（二）开心一夏

2020年7月，葛巷社区为了丰富辖区内青少年的暑期生活，营造

开启"青苗计划"第二期活动

良好的健康成长环境，免费举办了"青苗计划"第二期暑期夏令营活动——开心一夏，让一颗颗童心在家门口收获成长和快乐。

1. **准备充分，课程新颖**。葛巷社区经过前期招募，共有二十余名儿童和八位志愿者参与"开心一夏"暑期夏令营活动。这次活动涵盖了亚运宣传、少儿编程、心理教育、毛笔书法、趣味英语、手工美术、仓前非遗、自然博物馆参观等特色课程，内容丰富多彩、形式多样，让孩子们每天都能吸收到新知识，在2020年7月20日—8月10日的16天夏令营活动中没有一堂重复的课程。

2. **组织认真，寓教于乐**。在志愿者老师的指导下，孩子们一起快乐地参与"成语击鼓传花""亲手做非遗文化扇""为爸妈做贺卡""我为妈妈做束花""非遗文化快问快答""垃圾大分类"等小游戏，通过寓教于乐的教学方式，既巩固了孩子们所学的知识，又增加了课堂的乐趣，起到了良好的效果。值得一提的是，"开心一夏"夏令营还特别设立了"筑梦江海　馆藏古今"等浙江自然博物馆参观专题课堂，孩子们通过实地参观，发现了自然之美，渐渐领悟自然的真谛，也开始明白人类只有保护好大自然才能保护好自己。

3. **圆满收尾，期待再见。**志愿者老师给每个孩子制作了一本"荣誉存折"，孩子们在夏令营中某一方面表现突出，就会获得一颗星星。"开心一夏"夏令营的最后一天，葛巷社区根据孩子们获得的星星进行奖励，派发了不同等级的奖品，对孩子们的优秀表现予以鼓励，让他们把快乐带回家，也为"开心一夏"夏令营画上了一个圆满的句号。

（三）英语兴趣课堂

为了进一步提高辖区内少年儿童学习英语的兴趣爱好，增强其对英语学习的自豪感和探索心，2020年7月27日上午，葛巷社区"青苗计划"暑假班英语兴趣课堂顺利开班。

来自杭师大的教师志愿者为孩子们带来了一场意义非凡的英语学习课。课堂上，志愿者老师围绕"What's your name"和"Who is it"两个句式，让孩子们通过短片认识了Dad、Mum、Chip、Kipper、Biff和Floppy这六个人物，并通过英文版的"萝卜蹲"和"老狼老狼几点钟"等游戏，强化了对这两个句式的学习。课堂上，孩子们积极举手回答问题，跟读时声音整齐而响亮，游戏时全神贯注参与，学习氛围轻松愉悦。

通过"青苗计划"暑假班，葛巷社区将英语课堂、电子编程、博物馆参观、非遗体验等各色各样的活动带进了社区。日益丰富的暑期活动，充实了孩子们的假期时光，让他们学到了很多新知识，开拓了眼界，认识了新朋友，也受到家长们的积极肯定与点赞。葛巷社区希望通过丰富多彩的活动，给孩子们创造良好的社区文化氛围，让孩子们更多地参与社区建设，埋下爱的种子，立下远大志向。

社区教育任重道远，葛巷社区与时俱进，并持之以恒地推进这项工作，让孩子们能更好地实现自我、放飞梦想！

第四节　消防安全主题教育

为了更好地提高暑假班孩子们的安全意识和自我保护能力，2019年7月19日上午，葛巷社区关工委、共青团、妇联联合开展了"青苗计划"之消防安全主题教育行活动——参观安防体验馆。

三十余名暑假班的孩子身穿"青苗计划"小马甲、头戴小红帽，在2名大学生老师、1名家长志愿者、3名巾帼志愿者和2名保安的陪同下，步行到达位于仓兴街的安防体验馆。一进入体验馆，孩子们的目光就被馆里琳琅满目的体验设备吸引住了，派出所的工作人员耐心地给孩子们讲解了防诈骗、消防、反恐等相关知识，孩子们听得聚精会神。讲解结束后，孩子们纷纷体验了心肺复苏、模拟逃生等项目，激动得不亦乐乎。回程的路上，孩子们一路兴奋地讨论着自己的收获。

第五节 软笔书法培训

为了丰富社区儿童的暑期文化生活，让孩子们度过一个充实有意义的假期，葛巷社区"青苗计划"暑期假日学校邀请专业老师给孩子们带来颇具趣味的软笔书法培训课。课程分为两节课时，分别在2019年7月15日、7月22日两天开展，参加培训的三十余名暑假班学生中最小的才5岁。

书法老师首先用浅显易懂的语言给孩子们讲解了书法的起源、毛笔的分类、写字时的坐姿等基础知识，介绍书法包括笔法、笔画、组字等三大块知识，并强调学习书法不是一时半会就能掌握的，需要孩子们坚持不懈的练习与参与才行。课堂上，老师还生动讲述了古代书法大家王羲之和王献之练习书法的故事。老师耐心地教导孩子们如何正确握笔，纠正孩子们的握笔姿势，并就握笔姿势为大家做示范。从入门的画线开始，老师简单讲解每个笔画的特点——行笔要慢，起笔要藏锋，线条要一样

软笔书法培训现场

粗,要力透纸背,并且示范了点、横、竖等基本笔画的书写方法。孩子们认真听讲,仔细看示范,自己动笔反复练习。

两节课下来,孩子们不仅了解到学习书法的好处,而且体会到书法蕴含的灵性与妙趣,软笔书法培训激发了学生们对书法艺术的热情。

第六节　八一建军节主题活动

2019年八一建军节到来之际，葛巷社区关工委、妇联、共青团等在易优公益等社会组织的鼎力协助下，举办了葛巷社区"青苗计划"之八一建军节主题活动。2019年7月30日一大早，暑假班的孩子们就来到了活动现场，帮助在场的工作人员布置会场。上午9点活动正式开始。老兵同志们、社区工作人员、巾帼志愿者、家长志愿者、易优公益社会组织工作人员等五十余人参加了本次活动。

八一建军节主题活动共有三项议程。第一项议程是交换队礼。活动在集体唱红歌的歌声中拉开了帷幕，孩子们为老兵同志们佩戴了大红花，双方交换队礼。第二项议程是"榜样精神我来学"故事分享会。老兵们列坐在台前，语重心长地给孩子们讲述了自己的参军故事，并鼓励孩子们努力学习，长大后成为一个对社会有用的人，报效祖国。第三项议程是包饺子。在志愿者的帮助下，孩子们和老兵们"同台竞技"，进一步拉近了双方的距离。

社区借助八一建军节主题活动，希望老兵们的榜样精神能够促进孩子们向善向美发展，在他们的心中早日播下报效祖国的种子。

第七节　快乐英语　快乐学习

2019年7月31日上午，葛巷社区"青苗计划"之"快乐英语　快乐学习"活动在社区文化家园二楼展开。来自仓前中学的雷老师在课前仔细了解社区暑假班孩子的年龄分布情况，精心设计了一节适合7—11周岁孩子的英语音标学习课程，他带领着30个孩子一起拼读了5个元音字母及元音字母组合的读音。

学习英语音标可以较早地培养孩子们的语感，规范他们的发音，告别哑巴英语。课堂上，雷老师念一句，孩子们接一句，稚嫩的童声在教室里此起彼伏。

快乐英语　快乐学习

课上课下齐交流

"牙床全打开。"

"a——"

"很好，再来一次，长大嘴巴，a——"

如此愉快活泼的学习氛围，瞬间提高了孩子们开口读音标的积极性，愉快的一节课很快就过去了，孩子们都笑着说："嘴巴很酸，但是很好玩，雷老师的课我们太喜欢了！"

第八节　学会倾听　温暖同行

同伴关系在中小学生的成长和适应社会的过程中起着重要作用，促进中小学生与同伴进行正常的人际交往，提高他们的人际适应能力是学校心理健康教育的一个重要目标。2019年8月2日，葛巷社区"青苗计划"之"学会倾听　温暖同行"团辅活动在社区文化家园二楼拉开帷幕，来自仓前中心小学的牛老师给孩子们带来了这节颇具意义的课。

牛老师首先通过三个小金人的故事，告诉大家认真倾听的意义，接着通过三个小游戏带领在座的孩子们一起认识倾听的魅力，牛老师教大家倾听的"四用"：用脑子、用心、用态度、用方法。

学会倾听　温暖同行

大胆表达　学习倾听

　　当今社会，有沟通障碍的孩子越来越多，他们普遍接触社会少、与人交流的机会少，沟通能力较弱。学会倾听　温暖同行"活动，侧重于团体游戏和互动，通过团体成员的互动，促使个体在人际交往中认识自我，调整和改善与他人的关系，学习新的态度与行为方式，增进孩子们的适应能力。

第九节 "涂满梦的未来"国画课

孩子是祖国的希望，每一个孩子都应该被爱、被期许。2019年8月7日上午，葛巷社区开展"青苗计划"之"涂满梦的未来"国画课，让孩子们用各种颜色描绘自己心中对美好事物的期待，画出一幅幅充满童心的图画。

在场的家长志愿者笑言：孩子们画的这么漂亮的图画，要是能变成真实的世界，那该多好哇，小孩子太有想象力了！

"涂满梦的未来"国画课成果

认真画画的孩子们

这节国画课不仅仅是为了提升孩子们的绘画水平与文化素养，也是为了帮助孩子们不断调整心性，感悟和辨别生活中的是与非、善与恶，促使他们用积极向上的态度去面对生活中所有的事情，迎接生活中所有的机遇与挑战，并成为一个具有丰富情感的人。

第十节　玩转垃圾分类

（一）娃娃垃圾分类成长记

为了更好地丰富孩子们的假期生活，带领孩子们走进身边正在发生的"大事"——垃圾分类，2019年8月9日下午，文澜未来科技城小学的十余名学生在两位老师和一位家长的带领下，来到葛巷社区开展暑期垃圾分类实践活动。

首先，孩子们参观了葛巷社区垃圾分类的现场布置情况，社区工作人员为孩子们讲解了垃圾分类的重要性。随后，在社区工作人员陈珂芳的带领下，孩子们来到位于社区边上的仓溢东苑小区垃圾分类置物架边，陈珂芳耐心地给孩子们讲解垃圾分类的工作模式，告诉孩子们大人是怎么做到垃圾分类的。最后，孩子们在小区内向来往的居民发放了垃

学习垃圾分类

动手制作纸板车

级分类宣传资料，通过小手拉大手的形式，进一步提升了居民们的垃圾分类意识。

（二）垃圾回收

为了更好地增强孩子们的垃圾分类意识，培养他们的垃圾分类能力，提高他们参与垃圾分类的积极性，2019年8月6日上午，葛巷社区"青苗计划"之玩转垃圾分类活动在社区文化家园二楼拉开了帷幕。

首先，小刘老师给孩子们讲解了可回收垃圾的相关知识，并说："只要我们愿意开动脑筋，身边的每一件东西都可以大变身哦！"接着，小刘老师向孩子们介绍了负责社区垃圾回收工作的"虎哥叔叔"和他的日常工作内容，很多孩子兴致高昂。最后，小刘老师带领孩子们一起进行了纸板变小车的"制作之旅"。一个个看似没有用处的纸板盒在孩子们小小的巧手下，变成了一件件赏心悦目的有用物品。孩子们在制作的过程中不仅动手，还要动脑，体现了团队精神。

社区希望通过活动，让孩子们充分了解垃圾可回收利用的知识，让可回收垃圾变成生活中美好的东西。

亲自动手做手工花

第十三节 书法趣味体验

　　书法是一门古老的艺术，是中国传统文化中不可或缺的一部分，它伴随着中华文化的发展而发展，是中华文化精髓的代表。书法中抽象的自然与情感、心态的虚静与空灵、气脉的贯通与运动的精神内涵，都与传统文化脉络相通。为了更好地传承这一传统文化，将书法艺术广为流传，2020年7月23日上午，葛巷社区"青苗计划"暑假班开展了一场"体验书法　传承文明"趣味体验活动。

　　课上，大学生志愿者小孟老师带领孩子们通过"甲骨文猜汉字"的

书法趣味体验课

一笔一画勤练习

练习书法趣味多

游戏让孩子们感受博大精深的中华文化，逐步走进书法文明的世界。随后，小孟老师通过视频让孩子们了解古代的著名书法家，王羲之、颜真卿、赵孟頫等书法家的成就让孩子们大开眼界。最后，小孟老师详细给孩子们讲解了毛笔握笔法及基础笔画的书写技巧，让他们在书写的过程中体会书法的无穷魅力。

活动虽然时间不长，但是孩子们体验到的乐趣是无穷的，对他们幼小心灵的启发是无限的。社区希望通过这样的活动，给孩子们带来更多有趣味有意义的课余生活体验，增强他们的素质。

第十四节 二十四节气

（一）二十四节气专题活动

二十四节气作为我国传统文化中的独特宝藏一直代代相传，为了传承非遗文化，走进二十四节气，2019年11月21日，杭师大公共管理学院党务工作中心与葛巷社区联合在居民驿站里为小朋友们举办了一场别开生面的二十四节气专题活动——小雪。共建单位杭师大的志愿者们准备充分，向现场的小朋友以及家长讲解了小雪节气的相关知识，并通过趣味游戏加深了小朋友们对小雪节气的认识，引导小朋友们更加主动地观察二十四节气。互动活动更是激发了小朋友们对二十四节气的兴趣，也锻炼了大学生志愿者的能力和耐心。

本次活动的开展，丰富了孩子们的生活体验，让他们在轻松愉快的活动中了解到小雪节气的民间习俗，让他们更深入地了解传统文化，激发他们学习民俗文化的兴趣。

（二）二十四节气亲子公开课

2020年11月7日，葛巷社区邀请了杭师大公共管理学院的同学们为社区的孩子们讲解二十四节气。

公开课上，老师现场找了两位小朋友为大家背诵《二十四节气歌》，她们自信满满，将《二十四节气歌》熟练地背诵出来，获得大家鼓励的掌声。课堂上，老师首先让小朋友们初步了解二十四节气的

学习了解小雪节气的孩子们

来源、名称和含义，了解古人制定和划分二十四节气的依据和方法，感受传统文化的魅力。老师结合生动的动画画面讲述二十四节气的来源和故事，让大家在动画中对二十四节气有了一定的了解。此外，老师还指导小朋友们充分发挥想象力，用手工互动的方式在白纸上涂上绚丽的色彩，描绘出美丽的景色。然后，老师用猜节气时间和特点的方式让大家进一步了解二十四节气的特点，使活动更具互动性，同时通过唱《二十四节气歌》的形式，让孩子们从儿歌歌词中记忆二十四节气。

这次公开课寓教于乐、富有特色，让孩子们对中国传统文化有了更多的了解和认识，同时也唤醒了家长们的记忆，让他们重拾传统民俗。

第十五节　巧制乌米饭

为了丰富辖区孩子对传统习俗的认知，进一步弘扬中国传统民俗文化，2021年4月7日傍晚，葛巷社区开展了"黄髻闹民俗　巧制乌米饭"的活动，组织社区孩子们一起做乌米饭，让孩子在动手的过程中感受葛巷食俗，弘扬传统美食。

活动现场，小朋友们自己动手挑拣叶子，用清水洗净后捣烂出汁，再用纱布过滤。小朋友们和家长踊跃参与，体验到了制作乌米饭过程中

孩子们亲手捣的乌饭汁

认真制作乌米饭

的"叶叶皆辛苦"。在浸泡的过程中，洁白的糯米慢慢吸收乌树叶的精华，变成更具营养价值的时令美味。最后将乌米饭入锅蒸15分钟，出锅后再拌上白砂糖，小朋友们都吃上了自己亲手制作的香喷喷、甜滋滋的乌米饭。

这次活动，不仅加深了孩子们对传统节日和传统文化的了解，更让孩子们真切地体会到了传统文化习俗蕴藏的趣味和意义。

第十六节　四点半课堂

随着孩子学习任务的加重，社区中的很多家长反映：下班到家快7点钟了，还要辅导孩子的作业，有时要弄到9点多，真忙不过来。

自2021年3月15日起，葛巷社区在居民驿站开设了四点半课堂，切实解决了社区学子放学回家无人看管、作业无人辅导的问题。

葛巷社区还联合了社会组织和杭州师范大学，每周五下午4:30分开设舞蹈、绘画、手工制作、科普知识等课外拓展课程，可满足孩子们的

四点半课堂帮助解决家长的后顾之忧

四点半课堂促进孩子们好好学习

成长需求，培养他们的兴趣爱好，养成良好的学习习惯。

教室旁的追梦书屋，可以进一步增长孩子的知识，拓宽他们的视野。杭州师范大学的老师还为每个学生都建立了成长档案，以此见证每个孩子的成长与进步。

社区有了四点半课堂，既减轻了家长的压力，也让孩子有了一个温暖的港湾，真可谓让孩子开心、让家长放心。

第十七节　小青苗晨跑团

在2021年7月的固定主题党日活动中，葛巷社区党委将"青苗计划"暑假班链接转发给了全体党员，听取党员们对课程时间和内容安排的意见和建议。有党员苦恼地提出：暑假期间孩子在家作息不规范，希望社区能组织一些既能强身健体又能让孩子养成好习惯的活动。这一呼声得到了众多党员的响应，为此，葛巷社区开始酝酿组织"小青苗晨跑团"。

7月28日上午6：30，葛巷社区仓溢东苑小区内，"小青苗晨跑

"小青苗晨跑团"开跑了

开跑前要充分活动开

团"开跑了。二十余位小朋友一起参加了这期晨跑。28日虽然是第一天跑,而且是上班的日子,但不少党员志愿者和家长还是选择陪孩子晨跑,跑完步后再回家收拾上班。

跑步给孩子带来了积极的影响,家长们也在晨跑中相互认识、相互交流,邻里关系由此变得密切起来。"小青苗晨跑团"集体跑步活动一直持续到暑假结束,一个暑假的晨跑,让孩子们在身心两方面都得到重大的收获。

参考文献

1. 何宏：《"掏羊锅"：饮食旅游目的地建设的文化解析》，《扬州大学烹饪学报》2014年第1期，第44—49页。

2. 万润龙：《一只羊能走多远——杭州余杭"掏羊锅"致富的启示》，《文汇报》2009年12月24日。

3. 金微、叶烨：《经济利益多元化条件下绍兴箍桶的继承与发展》，《学理论》2012年第33期，第142—143页。

4. 王藻：《西溪民俗》，杭州出版社，2012年。

5. 安娜：《杭州"拳灯"传人葛国伟：薪火相传文化流芳》，《钱江晚报》2015年12月25日。

6. 冯祖阙：《西溪龙舟胜会的仪式与价值》，浙江师范大学教育学硕士论文，2017年。

7. 金昌才、罗洪文：《传承千年窑火 再现陶瓷风采》，《余杭晨报》2018年11月6日。

8. 倪明伟、钟佳菲：《"想把老祖宗留下的手艺一直传下去" 余杭83岁老人坚持古法造船》，《余杭晨报》2020年8月21日。

9. 《余杭仓前木船制造守艺人葛三毛：希望传统木船制造技艺能继续流传下去》，中国蓝新闻，2020年8月4日。

后 记

　　"一条红巷建立五扇门，一个社区融入五颗心"，当我第一次走进葛巷社区，就被社区"多元融合、相互包容、和谐共生"的特色深深吸引。葛巷社区有两个安置房小区（仓溢东苑、仓溢景苑）、两个商品房小区（万通时尚公馆、合景天峻），社区巧妙地将"回迁房＋商品房""老人＋青年""传统＋科技"集于一身，构建出完整的基层服务闭环体。社区党群服务中心、居民驿站、居家养老照料中心、仓溢东苑小区物业前台、菜鸟驿站网点5个空间板块串珠成链，形成"红色五扇门"。

　　一是自家门安心。小区居民进入社区办公、服务大厅，就如同进了自己的家门，可以安心地办事、休憩、学习、交流。24小时综合自助机实现最多跑一次便可完成民政、计生、党组织关系、文娱生活、洽谈协商等居民需求。

二是诚家门暖心。居民驿站提供居民日常生活需求的全方位服务。驿站由社会组织承接运营，诚心诚意开展退伍军人管理、小事儿便民服务、社会组织孵化培育、共建单位洽谈、妇女儿童关怀等活动，其中还包含社区妇女之家阵地。

三是好家门贴心。社区成立了杭州市五星级居家养老照料中心，是老年人享受幸福晚年的贴心驿站。照料中心由社会组织承接运营，集中全面地为老年人提供餐食、康复、文娱等服务。同时建立银龄议事团，老年人的事务要征求老年人的意见，并用老年人的方式（传话机制）传递给老年人。

四是安家门放心。仓溢物业为小区居民提供装修、入住、维修、管理等便捷、放心的服务，为居民管好门，让居民安好家。社区成立安家议事团，打造物业红色议事厅，充分调动社区、物业公司、业委会、商铺、业主租客代表等各方的积极性，形成合力，充分听取群众呼声，构建基层民主协商议事机制。仓溢东苑小区在2020年被评为杭州市美好家园小区。

五是钱家门省心。菜鸟驿站服务点将"未来社区"项目的实地落脚点——菜鸟驿站与农商行网点、葛巷股份经济合作社（2019年余杭区村集体经济收入第二名）紧密结合起来，实现人工智能与金融理财概念通达，党建服务清晰、精准、集约。同时借助菜鸟服务受众群体特点，建立"青年创客汇"子项目，汇聚创客，服务创客（金融、理想、婚姻、志愿服务等）。

葛巷社区抓住"一老一小"，通过各种各样喜闻乐见、体现居民切身利益的活动形式，积极探索社区精神文化、环境文化、行为文化和制度文化的建设。可以说，葛巷是公共服务、文化家园普及普惠的卓越社区。

本书是葛巷社区文化家园活跃与繁荣的真实写照。葛巷社区不断丰富社区文化、构建精神家园的生动实践为本书提供了鲜活的素材，他们的创新探索、真知灼见增添了本书的特色，极大地丰富了本书的内容。在此，向葛巷人民表示诚挚感谢！

在本书编撰过程中，承蒙杭州市文明办、余杭区文明办、余杭区仓前街道葛巷社区及杭州出版社极大的帮助与支持。在此谨表谢意！

衷心感谢资深媒体人张翼飞老师的指导！感谢社区文化家园写作团队的帮助！

周旭霞

2022年5月